Nous sommes nés pour l'amour

Données de catalogage avant publication (Canada)

Buscaglia, Leo F.
Nous sommes nés pour l'amour: réflexions sur l'art d'aimer

Traduction de: Born for love

1. Amour. I. Titre.
BF575.L8B8214 1997 152.4'1 C97-940130-5

DISTRIBUTEURS EXCLUSIFS:

- Pour le Canada et les États-Unis:
  LES MESSAGERIES ADP*
  955, rue Amherst,
  Montréal H2L 3K4
  Tél.: (514) 523-1182
  Télécopieur: (514) 939-0406
  * Filiale de Sogides ltée

- Pour la Belgique
  et le Luxembourg:
  PRESSES DE BELGIQUE S.A.
  Boulevard de l'Europe 117
  B-1301 Wavre
  Tél.: (10) 41-59-66
  (10) 41-78-50
  Télécopieur: (10) 41-20-24

- Pour la Suisse:
  TRANSAT S.A.
  Route des Jeunes, 4 Ter
  C.P. 125
  1211 Genève 26
  Tél.: (41-22) 342-77-40
  Télécopieur: (41-22) 343-46-46

- Pour la France et les autres pays:
  INTER FORUM
  Immeuble Paryseine, 3 Allée de la Seine,
  94854 Ivry Cedex
  Tél.: 01 49 59 11 89/91
  Télécopieur: 01 49 59 11 96
  Commandes: Tél.: 02 38 32 71 00
  Télécopieur: 02 38 32 71 28

L'ouvrage original américain a été publié par SLACK Incorporated,
sous le titre *Born for Love: Reflections on Loving*

Dépôt légal: 1er trimestre 1997
Bibliothèque nationale du Québec

ISBN 2-8904-4615-8

Leo Buscaglia

avec la collaboration de Daniel Kimber

Nous sommes nés pour l'amour

Réflexions sur l'art d'aimer

Traduit de l'américain par Rosemarie Bélisle

le jour, éditeur

Nous sommes tous nés pour aimer.
C'est le principe même de l'existence,
et sa seule fin.

BENJAMIN DISRAELI

Introduction

Tous les matins, je commence ma journée en écoutant les nouvelles. J'entends parler du promeneur qui s'est fait attaquer dans le parc, de l'enfant blessé par un tireur fou, du mari jaloux qui a étranglé sa femme, du plus récent scandale municipal, des derniers règlements de comptes, du système judiciaire engorgé et des prisons surpeuplées où règnent la cruauté et la violence. Malgré tout, je prends mon petit déjeuner, je m'habille et, avec une fermeté renouvelée, bien à l'abri dans mon armure d'optimisme, j'affronte le monde en ma qualité d'amoureux. Peut-être le cynique me trouvera-t-il simpliste et naïf, mais en ce qui me concerne, il n'y a pas d'autre attitude possible.

Certains trouvent difficile d'admettre que l'amour soit un choix. Voilà qui contredit une notion romantique très répandue voulant que l'amour soit inné et n'exige, par conséquent, d'autre effort que de s'ouvrir à lui et de l'accueillir. Dans ce contexte théorique, l'amour est un phénomène magique qui nous libère de la souffrance et règle tous les problèmes. Il est une fin en soi. Sans doute y a-t-il un peu de vrai dans tout cela, mais la faculté d'aimer et la capacité d'aimer ne sont pas la même chose.

L'amour est fort probablement inscrit quelque part dans nos gènes, mais pour qu'il puisse se déployer et prendre toute sa signification, il faut savoir l'évoquer, l'étudier, l'enseigner et le pratiquer.

Nos esprits les plus éclairés et notre technologie la plus évoluée sont encore incapables de percer les secrets, les méandres et les mystères de l'amour. Tout discours sur l'amour continue donc de susciter les réactions intellectuelles et émotionnelles les plus diverses. Certains écartent le sujet du revers de la main en disant que l'amour est une maladie, un leurre, une insulte au bon sens et un obstacle à la maîtrise de soi. D'autres par contre en font la plus grande des émotions humaines, un don de Dieu, notre forme d'énergie la plus vitale et la plus puissante, et la seule signification que puisse prendre notre vie.

Moi qui consacre ma vie à l'étude de l'amour depuis maintenant vingt-cinq ans, vous imaginez le nombre de fois que l'on m'a traité d'incurable romantique! Le chapeau me fait probablement, mais à mon avis, c'est plus un avantage qu'un inconvénient. Je suis peut-être naïf et crédule, mais l'amour m'a fait vivre une vie pleine, riche et stimulante. Je place encore le cœur avant tout. Bien sûr, on m'a fait mal parfois. Mais le cœur se remet de ses blessures, et un cœur meurtri n'empêche pas de vivre.

Mais je ne suis pas assez naïf pour croire qu'un amoureux peut réussir dans la vie en suivant les seuls battements de son cœur. Nous avons aussi un cerveau, et l'amour gagne à être étudié, analysé sérieusement et soumis à l'apprentissage.

Choisir d'aimer ne veut pas dire qu'on renonce au bon sens ni qu'on laisse son cerveau au vestiaire. Ceux dont les rapports amoureux ne sont qu'une série de hauts et de bas ont tout intérêt à savoir que la tête joue à cet égard un rôle stabilisateur, rendant le parcours moins cahoteux.

Il est faux de parler de «coup de foudre», d'«amour avec un grand A» ou d'«amour inconditionnel» comme de choses qui vont de soi et qui nous reviennent de plein droit du seul fait que nous soyons humains. Nous continuons ainsi de résister à l'idée que l'amour est acquis et qu'il faut beaucoup d'effort conscient pour acquérir les compétences nécessaires à sa survie. Nous attendons plutôt d'être désespérés, seuls et rongés par la mélancolie avant de chercher à mieux comprendre en quoi consiste l'amour. Nous préférons prendre l'amour à la légère. Avec quel résultat? Encore plus de solitude, plus d'aspirine, plus d'hypertension, plus de thérapie, plus d'ulcères, plus d'antiacides, plus de dépressions, plus de crises cardiaques, plus de maux de tête, plus de frigidité, plus d'impuissance, plus d'insomnie, plus de laxatifs, plus d'anorexie, plus de boulimie, plus de fatigue, plus d'ennui, plus de désespoir, plus de méfiance, plus de drogues, plus d'intoxication, plus d'erreurs, plus de frustrations, plus de peur, plus de suicides, plus de haine, plus de préjugés, plus de meurtres, plus de prisons, plus de divorces, plus d'échecs, plus de tristesse, plus d'envie, plus de douleur, plus de violence, plus d'ignorance, plus de bigoterie, plus de stupidité, plus d'apathie, plus de larmes, plus de mort.

J'aimerais que ce livre nous aide à sortir de l'impasse. Il offre des réflexions qui, je l'espère, donneront lieu à une analyse sérieuse, susciteront des émotions et pousseront à l'action concrète et positive. J'ai essayé de formuler mes idées simplement et (espérons-le) clairement, et j'en ai répété quelques-unes pour leur donner plus de force.

Je n'ai pas voulu faire de ce livre un guide pratique, mais plutôt un instrument de réflexion. Il n'a ni début ni fin. On peut l'ouvrir à n'importe quelle page. Que le lecteur ou la lectrice soit son propre guide.

On trouvera dans les pages qui suivent de très nombreuses réflexions, mais en réalité, toutes gravitent autour d'un seul grand principe: l'amour n'est pas une abstraction complexe et mystérieuse. C'est une expérience humaine accessible dont nous faisons l'apprentissage tous les jours, tant dans les moments difficiles que dans la jubilation.

Ce livre s'adresse aux étudiants de l'amour, aux hommes et aux femmes qui cherchent ce que la vie a de mieux à leur offrir et qui tiennent à ne pas mourir avant d'avoir déployé et mis en valeur tout leur potentiel d'amour.

Réflexions sur l'amour

L'amour exige un effort

L'amour ne meurt jamais de mort naturelle. Il meurt de négligence et d'abandon. Il meurt d'aveuglement et d'indifférence, et d'avoir été tenu pour acquis. En amour, les fautes par omission sont souvent plus meurtrières que les erreurs commises.

À la fin, l'amour meurt d'épuisement, de n'avoir pas été suffisamment entretenu. Nous ne tombons pas hors de l'amour, pas plus que nous tombons en amour. Quand l'amour meurt, c'est que l'un ou les deux partenaires l'ont négligé, n'ont pas su le nourrir, ou le renouveler. Comme toute autre forme de vie, l'amour a besoin de soins pour se bien porter.

♥

La grande tragédie de la vie n'est pas que les hommes périssent, mais qu'ils cessent d'aimer.

W. Somerset Maugham

L'échec en amour

En ce qui concerne l'amour, il n'y a pas d'échec. Ne pas réussir n'est pas la même chose qu'échouer. La déception, en amour, est une occasion d'apprendre et d'évoluer.

Ceux qui ne se risquent pas à aimer ne connaissent pas l'échec amoureux, mais ils n'en connaîtront jamais la splendeur non plus. Comme l'affirme Lloyd Jones, ceux qui osent et échouent ont un sort plus enviable que ceux qui tentent de ne rien faire et réussissent.

L'échec semble mieux conduire à la sagesse que le succès. L'échec nous semble toujours l'antithèse du succès, mais il n'en est pas vraiment ainsi. Le succès se trouve souvent juste au-delà de l'échec.

Tant que nous continuons de chercher l'amour, il faut nous attendre à une part d'échec. Mais la douleur incite à l'action. En cherchant la cause de nos échecs, nous avançons sur le chemin de la sagesse. Nous découvrons de nouveaux comportements et de nouvelles ressources qui nous serviront plus tard. Il ne s'agit pas là d'échecs, mais de moyens d'accéder à des changements permanents. Nous sommes alors engagé sur la voie de la croissance, de la prise de conscience: sur la voie de l'amour.

♥

Il n'y a pas d'autre échec que de cesser d'essayer.

ELBERT HUBBARD

Nous entrons dans le monde ignorants de l'amour — certains le quittent dans le même état

Notre monde reste un mystère, même pour les plus savants d'entre nous. Accablés par les difficultés que nous causent la vie et l'amour, nous nous tournons souvent vers des professionnels, des politiciens ou des vedettes dans l'espoir de trouver auprès d'eux des solutions. Puis, voyant leurs pieds d'argile, nous repartons, déçus. Avec un peu de sagesse, nous découvrons que les seules réponses utiles sont celles que nous trouvons nous-mêmes. D'autres peuvent nous éclairer et nous aider à comprendre, mais l'accession à la sagesse est toujours le produit d'un travail intérieur que personne ne peut faire à notre place.

Par ailleurs, puisque la sagesse jaillit de l'ignorance, il faut nous laisser aiguillonner par tout ce que nous ne savons pas.

J'ai étudié l'amour pendant la plus grande partie de ma vie, et je m'étonne toujours de tout ce que j'ai encore à apprendre.

Trop d'entre nous, nés dans l'ignorance de l'amour, se contentent d'y rester. Il n'y a pas de mal à faire des erreurs et à ne pas trouver toutes les réponses pourvu qu'on soit prêt à l'admettre et à tendre vers une plus grande réalisation de soi. Quiconque pense tout savoir perd tout moyen de découvrir ce qu'il ne sait pas.

♥

Pour chaque nouveau champ d'intérêt ou, mieux encore, pour chaque nouvelle réalisation, votre vitalité s'accroît.

William Lyon Phelps

La rigidité et l'amour

Il y a bien des années, en Thaïlande, j'ai connu un grand maître bouddhiste qui enseignait la survie émotionnelle au moyen de cette simple illustration. «Soyez comme le bambou, disait-il. Dur en surface, tendre et ouvert à l'intérieur. Les racines fermement plantées dans le sol et étroitement liées à celles des plants avoisinants pour plus de force et de stabilité. La tige, balancée par le vent, ploie au lieu de résister. Ce qui ploie ne rompt pas.»

Pour supporter la frustration et la tension, il vaut parfois mieux céder qu'être ferme. Rien n'est jamais tout bon ni tout mauvais, tout vrai ni tout faux. La vie n'est pas si simple. Les réponses et les solutions que nous cherchons se trouvent le plus souvent dans les zones grises, entre les deux extrêmes que sont le blanc et le noir. En ne cherchant que les extrêmes, nous nous éloignons de la vérité. Céder ne veut pas dire abandonner, et la souplesse n'est pas la marque d'un manque de conviction. Bien souvent, en acceptant de céder un peu, nous sommes récompensé au centuple.

♥

Quand on pense à toutes les couleurs spectaculaires qu'il y a dans le monde, pourquoi diable voudrait-on s'en tenir au noir et au blanc?

DENNIS R. LITTLE

L'amour n'a pas d'âge

Je marchais dans le parc avec un ami. Nous avions croisé plusieurs couples de jeunes amoureux sans que mon ami fasse la moindre remarque, puis nous avons aperçu deux personnes âgées qui se bécotaient sur un banc. «Bizarre, a-t-il dit, tu ne trouves pas qu'ils ont un peu passé l'âge?»

Je trouve curieux — et, en vieillissant, plutôt désolant — de voir que le sentiment amoureux ne semble être permis qu'aux jeunes. C'est que nous croyons, à tort, que la passion se tarit avec l'âge. Qu'en perdant vitalité et beauté, nous perdons aussi le goût d'aimer et d'être aimé.

Quelle bêtise! Tant qu'il y aura de la vie, il y aura de l'amour. Sans doute ses manifestations auront-elles évolué et témoigneront-elles de la sagesse accumulée tout au long de la vie. Les sentiments auront pris de la profondeur, de la richesse et de la texture avec le temps.

Vivre en amour, quel que soit l'âge, signifie que nous avons su entretenir la vitalité de notre amour. Un amour vieilli, comme un bon vin, se révèle souvent plus satisfaisant, plus rafraîchissant, plus précieux, plus enivrant et mieux apprécié. Les amants expérimentés sourient devant la compréhension imparfaite de l'amour dont font preuve les jeunes, puis s'abreuvent goulûment de ce nectar puissant.

♥

La merveille, en prenant de l'âge,
c'est de conserver tous les âges vécus auparavant.

MADELINE L'ENGLE

L'amour comme œuvre d'art

Il y a des artistes de toutes sortes. Nous devrions nous intéresser davantage aux artistes de la vie elle-même, qui utilisent les outils à leur disposition pour tenter d'exprimer l'inexprimable. Sans pinceau, ils peignent la vie dans toute la richesse de ses couleurs. Sans ciseau, ils sculptent la magie de l'être. Sans instrument, ils font de la musique pour l'enchantement de tous. Sans chorégraphie, ils entrent dans la danse du monde.

À la naissance, nous recevons tous les outils qui permettent de créer une vie de beauté. Mais ces mêmes outils peuvent aussi servir à perpétuer la laideur et la destruction. Avec un peu de chance, nous découvrirons un jour qu'il n'en tient qu'à nous de choisir la beauté. Les œuvres d'art pâlissent avec le temps, s'abîment et sont parfois discréditées par l'opinion publique. Mais une vie d'amour ne s'affadit jamais.

♥

Nul, pas même les poètes, n'a jamais mesuré
la pleine capacité du cœur humain.

ZELDA FITZGERALD

En amour, il vaut souvent mieux céder que marquer des points.

L'amour et le respect de soi

Nous avons besoin d'une ambiance propice pour grandir et découvrir notre originalité. Heureux sont ceux qui ont senti sur eux un regard chaleureux et qui ont ainsi pu découvrir la flamme toute particulière qui les anime, et mettre leurs talents en valeur.

Je lisais l'histoire de la famille Taft, dont plusieurs membres se sont illustrés. Dans cette famille, semble-t-il, on savait reconnaître les talents et les dons de chacun. Quand Martha Taft était à l'école primaire, à Cincinnati, on lui a demandé un jour de se présenter. Elle a dit: «Je m'appelle Martha Bowers Taft. Mon arrière-grand-père était président des États-Unis. Mon grand-père a été sénateur. Mon père est ambassadeur en Irlande. Et moi je suis une jeannette.»

Et si personne ne reconnaît notre originalité, nous pouvons toujours compter sur nous-même, car nous pouvons être notre source de renforcement positif la plus inépuisable, et la personne qui, quoi qu'il arrive, prendra toujours notre parti.

♥

J'ai plus d'importance que mes problèmes.

JOSE FERRER

N'attendez pas que l'amour vienne à vous

J'ai lu quelque part qu'il ne sert à rien d'attendre le prince charmant à moins de l'avoir commandé au préalable. Je sais que nombre d'entre nous sommes bien déterminés à attendre l'amour. Avec beaucoup de chance, certains verront leur rêve se réaliser, mais pour la plupart, l'attente se prolongera à jamais, l'espoir se transformera en cynisme, et ces pauvres êtres aigris, trop craintifs pour aimer, en viendront à ne pas même pouvoir reconnaître l'amour lorsqu'il se présentera.

Un jour que je donnais mon cours sur l'amour, nous avons reçu la visite d'un chien. L'animal est entré dans la classe sans hésiter, la queue frétillante. Il a circulé parmi nous et a obtenu toute l'attention qu'il voulait. Les étudiants ont bien sûr eu la réaction convenue: ils ont flatté le chien, l'ont caressé et lui ont dit des gentillesses, ce qui a poussé une jeune femme de la classe à dire sèchement: «Voilà ma vie tout crachée. J'ai passé toute la soirée dans la plus affreuse solitude, et personne n'a eu pour moi le moindre geste de compassion. Mais voilà qu'un chien errant entre dans la classe, et tout le monde lui donne de l'affection! Il y a quelque chose qui cloche là-dedans.»

«Ce n'est peut-être pas si étonnant, répondit alors un jeune homme. Le chien est entré et, par son comportement, il a indiqué clairement qu'il était ouvert à l'amour. Son message était simple, non menaçant et sans équivoque. Toi, par contre, tu es restée là, stoïque, et tu n'as rien révélé. Nous ne pouvons pas lire dans ta pensée. Il y a des moments dans la vie où il faut dire quelque chose, ou tout au moins émettre des signaux.»

♥

Pour qu'un message d'amour soit entendu, encore faut-il l'émettre.
Pour que la lampe reste allumée, il faut renouveler l'huile.

MÈRE TERESA

Craindre la vulnérabilité

Certains ne se sentent émotionnellement protégés que s'ils sont sur leurs gardes, bien à l'abri derrière leur carapace. Ils veillent à ne jamais se révéler de crainte qu'une fois percés au jour, ils soient démunis et sans défense. Imprenables, ils s'en tiennent à des rapports superficiels tout en se plaignant du manque d'intimité profonde si nécessaire à l'amour.

Lorsque nous nous tenons ainsi sur la défensive, nous nous retirons dans la solitude. Peut-être échappons-nous à des traumatismes émotionnels graves, mais nous nous soustrayons aussi aux joies que procure l'intimité véritable. C'est en nous autorisant à être vulnérable que nous nous donnons la chance de réussir en amour.

Si nous sommes quand même déçu, trahi ou trompé, nous aurons au moins la consolation d'avoir essayé. Et, d'une certaine façon, nous aurons réussi si nous ne laissons pas les cicatrices de l'expérience nous durcir et nous rendre impénétrable. Quand nous aurons compris que la vulnérabilité est l'âme même de l'amour, nous trouverons le moyen de guérir et de tenter à nouveau notre chance.

♥

Le seul vrai bonheur vient de s'être donné
sans compter pour une juste cause.

William Cooper

L'amour se nourrit d'optimisme

Si nous entrons dans une nouvelle relation en craignant d'avance qu'elle échoue et nous laisse mal en point, nous nous découvririons bientôt prophète. Rien n'invite plus le malheur que d'en entretenir la possibilité. Il y a, au contraire, toutes les raisons du monde de croire que tout ira bien, que notre amour ira croissant, qu'il s'épanouira et nous apportera de grandes joies.

Pourquoi notre avenir ne serait-il pas empli de lumière et de bonté? Pourquoi n'irions-nous pas en nous améliorant? Il faut vivre dans l'espoir que toutes nos décisions et tous nos gestes nous conduiront dans la bonne direction: sur la voie de l'amour réussi. Même nos erreurs peuvent être source d'optimisme, car elles sont l'occasion d'apprendre et de voir plus clair.

L'amour n'exige pas la perfection, et nous devrions en faire autant. L'amour s'entretient dans une vision favorable de lui-même, de la vie et du monde. Si nous gardons le cap sur des images constructives qui enrichissent nos rapports humains, nous serons moins entravé par notre passé et mieux soutenu par notre présent. L'expérience montre que les rêves se réalisent si nous y croyons vraiment. L'amant fait plus que souhaiter un avenir meilleur, il prend les moyens de le faire advenir.

♥

L'optimiste voit peut-être une lueur là où il n'y en a pas,
mais pourquoi le pessimiste doit-il courir la souffler?

MICHEL DE SAINT-PIERRE

L'amour sait en quoi consiste l'essentiel

Certains craignent qu'une fois leur beauté évanouie l'amour disparaîtra de leur vie. C'est mal connaître l'amour et manquer de respect pour soi-même car, en réalité, c'est tout le contraire: la beauté ne s'estompe qu'une fois l'amour envolé.

L'amour permet de mieux accepter les imperfections chez soi-même et chez l'autre. L'amour n'est en rien ébranlé quand, le matin, en petite tenue et les cheveux tout ébouriffés, nous nous gargarisons bruyamment devant le lavabo des toilettes. L'amour fait bien peu de cas des quelques rides qui font leur apparition sur notre visage ou des quelques kilos en trop que nous avons pris avec l'âge. L'amour voit au-delà de ces détails et se concentre sur la beauté intérieure que le temps et l'âge n'altèrent en rien. Ce n'est pas que l'amour soit aveugle, c'est qu'il voit l'essentiel.

♥

Rien n'améliore le teint, la forme ou le comportement mieux que le désir de répandre la joie plutôt que le malheur autour de soi.

RALPH WALDO EMERSON

Introduire un élément de surprise dans l'amour

Même l'amoureux le plus ardent peut se laisser bercer par son amour jusqu'au sommeil. Heureux, paisible, nous risquons de penser que tout va de soi et de sombrer dans la complaisance. L'amour est alors en péril. Les premiers symptômes du mal sont l'acceptation placide de tout ce qui se présente, la recherche prudente du sentier battu et le sentiment indéfinissable que quelque chose ne va pas. Le remède consiste à oser plus d'audace et à fouler des chemins nouveaux qui stimulent, surprennent et renouvellent.

Rien n'est plus fatal que le prévisible. La routine s'insinue alors dans l'existence: dimanche, après la messe, petit déjeuner toujours au même endroit; mercredi, la belle-famille; vendredi, le cinéma. L'habitude se tisse ainsi dans nos vies jusqu'à nous réduire aux mêmes petites tranches de vie, jour après jour. Ce qu'il faut alors, désespérément, c'est un geste imprévisible: un repas surprise, un cadeau inattendu, un brin de folie qui ébranlera cette vie monotone, trop ancrée dans ses habitudes.

L'amour se tarit d'être trop prévisible; car l'amour est par essence surprise et émerveillement. À emprisonner l'amour dans le quotidien, nous le dépouillons de sa passion et risquons de le perdre à jamais.

♥

Les miracles sont ponctuels. Ils ne viennent pas sur commande,
mais arrivent d'eux-mêmes, au moment le plus inattendu
et aux gens qui s'y attendent le moins.

KATHERINE ANN PORTER

Quand l'amour est remis à plus tard

L'expression de l'amour est souvent traitée comme le livre que nous nous proposons de lire, le coup de fil que nous voulons donner ou la lettre que nous voulons écrire. L'intention est là, bien réelle, mais toutes sortes de bonnes raisons nous empêchent de mettre le projet à exécution. Le moment est mal choisi, le climat n'est pas propice, nous avons autre chose à faire, les planètes sont mal alignées, n'importe quelle excuse fait l'affaire! Nos jours se peuplent ainsi d'occasions ratées et de remises à plus tard au lieu d'être vécus dans l'amour dont nous avons tant besoin.

Certaines choses ne doivent jamais être remises au lendemain. L'enfant qui vient vers nous demander un baiser ou un mot d'encouragement en a besoin maintenant, pas quand nous en aurons envie. L'ami qui a besoin de consolation n'attendra pas que le moment soit mieux choisi. L'amant qui a besoin d'être rassuré ne doit pas être mis en attente. L'amour est un engagement qui garantit que nous serons là quand l'autre aura besoin de nous. Ceux qui croient que le moment propice à l'amour viendra sûrement, mais plus tard, se condamnent à une vie d'amers regrets. Il n'y a pas de pardon pour les moments où nous avons refusé aux autres l'amour dont ils avaient besoin.

♥

Celui qui laisse échapper l'occasion d'aider l'autre
rate l'une des expériences les plus riches que la vie puisse offrir.

TEXTE PALI

L'amour crée un «nous»
sans détruire le «je».

L'amour inconditionnel à une condition

On parle souvent d'amour inconditionnel. Il est de bon ton d'affirmer aujourd'hui que nous aimons l'autre «sans condition», mais il devient souvent difficile de remplir ce mandat. À vrai dire, il y a une condition obligatoire à l'amour: l'autre doit continuer d'évoluer en tant qu'être distinct de nous. S'il se révèle, ne serait-ce qu'un instant, que l'autre a cessé d'évoluer, il faut immédiatement questionner notre amour, et de très près. Non seulement devons-nous respecter le besoin de croissance de l'autre, mais encore faut-il l'encourager, même au risque de perdre cette personne. Paradoxal mais vrai: ce n'est qu'en continuant d'évoluer séparément que deux individus peuvent entretenir l'espoir d'évoluer ensemble.

Quelles fausseté de croire que, pour rester amoureux, il faut fusionner complètement avec l'autre pour n'être plus qu'un. Ensemble, nous entretenons la flamme: tableau idyllique s'il en est, mais on manquera de combustible si personne ne se résout à sortir pour en chercher. Il faut savoir s'éloigner car, au retour, on trouve un feu plus vif, et assez de chaleur pour deux.

♥

Le temps s'en va, le temps s'en va, Madame.
Non, pas le temps... mais nous nous en allons.

PIERRE DE RONSARD

L'amour comme réalisation de soi

Bien que rien dans la vie ne soit plus satisfaisant que d'aimer et d'être aimé, ce désir figure rarement au haut de la liste de souhaits de la plupart des gens. L'argent, la célébrité et les possessions matérielles sont convoités davantage, car nous croyons à tort qu'en réussissant dans ces domaines l'amour viendra par surcroît. Rien n'est moins vrai. Hélas, nos désirs ne coïncident pas toujours avec notre meilleur intérêt. Les possessions matérielles et les plaisirs temporaires sont, bien sûr, attrayants, mais il vaut mieux chercher ailleurs la promesse du bonheur et de la réalisation de soi.

L'amour, lorsque nous en sommes comblé, procure un véritable sentiment de sécurité, de paix et de satisfaction; un sentiment qui ne varie pas au gré des circonstances. Une relation amoureuse apporte une richesse intérieure qui survit aux plaisirs extérieurs les plus intenses.

♥

Les gens cherchent la richesse. Ils ont besoin de se réaliser.

Bob Conklin

Le mouvement naturel de l'amour

Ma mère, sur son lit de mort, me reprochait de pleurer. «À quoi te raccroches-tu?» me demandait-elle. Mais j'étais trop bouleversé pour me laisser toucher par la sagesse de ses paroles. Plus tard, j'ai compris qu'elle me disait de poursuivre ma route. Sa vie sur terre se terminait tandis que la mienne était encore à vivre.

J'ai renoncé à beaucoup de choses depuis lors et je ne m'en porte que mieux. Récemment, j'ai quitté une maison dans laquelle j'avais vécu pendant plus de quarante ans. Chaque pièce, chaque placard, chaque tiroir contenait d'innombrables souvenirs, certains heureux, d'autres moins. Je pensais ne jamais pouvoir quitter cette maison et l'abandonner à des étrangers.

Mais la question de ma mère m'est revenue à l'esprit. J'ai alors fermé la porte derrière moi et je suis parti. Ce n'était pas plus difficile que ça. Je me suis vite rendu compte que les souvenirs et les rêves qui me tenaient à cœur n'étaient pas pendus dans les placards ni rangés dans les tiroirs des commodes; ils étaient en moi et me suivraient partout où j'irais.

C'est humain de s'accrocher, mais en agissant ainsi nous empêchons le battement naturel de la vie.

L'amour aussi est animé d'un battement naturel. Il ne commence pas, ne finit pas et ne s'arrête pas à un moment précis de notre vie. L'amour est en mouvement perpétuel. Sans cesse en expansion, il trouve d'abondants moyens d'expression dans toutes les nouvelles expériences de notre vie et se perpétue à jamais dans nos souvenirs.

♥

Je m'intéresse à l'avenir parce que je vais y passer le reste de ma vie.

CHARLES F. KETTERING

L'amour ne tient pas de comptes

Partager son amour ne veut pas dire faire le compte de qui fait quoi et de qui en fait plus que l'autre. Il y a des moments où l'on donne plus que l'on ne reçoit, mais il y en a d'autres où l'on reçoit plus que l'on ne sera jamais capable de donner. Établir le compte est une activité liée aux sports de compétition qui n'a pas sa place dans un rapport de soutien mutuel. Aimer vraiment, c'est vouloir donner à l'autre sans égard à ce qui sera rendu. L'idée que l'amour soit une sorte de réciprocité est au mieux un signe d'immaturité et au pire une distorsion de l'amour qui transforme les protagonistes en deux malheureux combattants rivalisant pour le pouvoir.

De tous les jeux auxquels se livrent les amants, celui-là est le plus dangereux. Lorsque les joueurs auront acquis assez de maturité et que leurs sentiments auront suffisamment de profondeur pour qu'ils cessent de faire leurs comptes, la joute sera terminée. L'amour aura remporté une autre victoire.

♥

Nombre de grandes vérités ne sont réellement
comprises que par l'expérience personnelle.

JOHN STUART MILL

La quête de l'amour

Rien, sauf peut-être la fontaine de Jouvence, n'a fait l'objet d'une quête aussi intense que l'amour. Nous amorçons notre quête dans l'enfance et nous n'y mettons fin que le jour de notre mort.

Je suis convaincu qu'il est impossible de vivre sans amour. Mais l'amour est si changeant, si fuyant, il possède de si nombreux visages que sa quête mène le plus souvent à la déception. Peut-être vaudrait-il mieux cesser de le poursuivre et se mettre à le vivre.

L'amour vient parfois à ceux qui l'attendent, mais il faut alors une attente active. L'attente passive risque de durer toujours.

♥

Pour être aimé, aimez vous-même et soyez aimable.

BENJAMIN FRANKLIN

L'amour n'est pas une compétition

On nous pousse malheureusement très tôt dans la vie à devenir compétitif. Voilà qui nuit souvent à l'esprit de coopération nécessaire à l'amour. Le monde devient une arène où s'affrontent gagnants et perdants, un lieu où la survie dépend du caractère, où la victoire est le seul indice du succès et où il faut sans cesse se mesurer aux autres pour déterminer sa valeur propre.

L'amour n'est pas un sport de compétition. En amour, la victoire passe par la collaboration, le compromis, la tendresse. Si nous maîtrisons bien ces compétences, tout le monde y gagnera.

♥

Nous ne pouvons vivre uniquement pour nous-même.
Des milliers de fibres nous relient au prochain; le long de ces fibres,
comme autant de réseaux sympathiques, nos actes sont des causes
et nous reviennent sous la forme d'effets.

HERMAN MELVILLE

Qui se repose dans les bras
de l'amour risque
de s'éveiller
aux pieds de la désillusion.

Ne vous fatiguez jamais de dire «Je t'aime»

«Je t'aime», voilà une petite phrase toute simple, et pourtant, je n'en vois pas d'autre qui ait autant de pouvoir. Un poète a écrit: «Je t'aime. Quoi de plus facile à dire? Et pourtant mon cœur défaille, car ces mots ont tout le poids et toute la sonorité lugubre du glas qui sonne.»

Il faudrait ne jamais se fatiguer de dire «Je t'aime», car nous n'en aurons jamais assez de nous l'entendre dire. N'est-ce pas étrange de voir avec quelle facilité nous utilisons ces mots lorsqu'il s'agit d'objets inanimés? Nous ne craignons pas de dire que nous aimons notre voiture, notre nouveau manteau, ou le lapin aux pruneaux. Mais nous avons du mal à verbaliser notre amour pour un autre être humain, même les plus proches.

Dans mon cours sur l'amour, je donnais à mes élèves un devoir. Ils devaient rentrer chez eux, regarder leur père droit dans les yeux et dire: «Je t'aime, papa.» Ce travail était une source de grande anxiété. La réponse du père était toujours étonnante, allant de l'état de choc à un: «Tant mieux, mais qu'est-ce qui te prend?» vaguement balbutié, en passant par: «Je le sais. Tu n'as pas besoin de me le dire.»

Le message «Je t'aime» ne va pas sans dire. Bien au contraire, il faut le dire et le répéter partout où l'amour est présent.

♥

Ce monde est plus avide d'amour et d'appréciation que de pain.

MÈRE TERESA

L'art de rester amoureux

Les librairies regorgent de livres qui expliquent comment gagner au jeu de l'amour. Malheureusement, la plupart des gens qui considèrent l'amour comme un jeu veulent que les règles ne s'appliquent pas à eux, et un très grand nombre de personnes ne se doutent même pas de l'existence de règles à ce jeu.

Rien de plus facile que de tomber en amour. Tellement facile que certains le font régulièrement. Mais cet état qu'ils nomment «amour» dépasse rarement le stade glandulaire ou, pour dire les choses plus crûment, se vit rarement plus haut que la ceinture. Cet amour n'est rien d'autre qu'un désir charnel qui, une fois satisfait, s'atténue jusqu'à ce qu'un nouvel intérêt amoureux le ravive.

Rester amoureux est nettement plus exigeant. La satisfaction des sens suffit peut-être pour certains, mais c'est la dimension la plus facile. L'esprit aussi a besoin d'attention et de stimulation. C'est quand nous prenons la responsabilité de mettre en valeur la totalité de notre être que l'amour a des chances de survivre.

♥

On peut faire un travail pendant vingt ans et en retirer vingt ans d'expérience, ou encore une année d'expérience répétée vingt fois.

GWEN JACKSON

L'amour et la perfection

La perfection humaine est une illusion. Personne n'est parfait, rien n'est parfait. Dans le domaine de l'art, c'est en général le défaut qui donne aux chefs-d'œuvre tout leur pouvoir de séduction.

Dans la vie, ce qui compte, c'est l'effort consenti pour donner le meilleur de soi-même. Malheureusement, nous nous laissons souvent envahir par la fausse notion que personne ne nous aimera si nous n'atteignons pas les plus hauts sommets de la perfection. Mais cette façon de penser ne donne lieu qu'à des comportements compulsifs qui sapent nos énergies et ne mènent nulle part.

Pourtant, certains poussent cette conviction si loin qu'ils en viennent à songer au suicide pour avoir brûlé le pot-au-feu. D'autres transforment le plaisir de jardiner en obsession maladive pour avoir la pelouse la plus impeccable du quartier. Ces gens se comportent comme si les erreurs ou les bévues étaient des taches indélébiles à jamais inscrites sur leur image soigneusement cultivée.

Pourtant, les défauts ne tuent pas. Dans la plupart des cas, nous avons la chance de nous reprendre, de modifier une décision ou un comportement. Nous ne sommes pas tenu d'avoir toujours raison.

Lorsque nous renonçons au désir névrotique d'être parfait, nous nous libérons des exigences de la sainteté et pouvons tirer parti de nos erreurs plutôt que de nous laisser détruire par elles.

♥

Si vous ne vous êtes pas pardonné quelque chose,
comment pardonner aux autres?

DOLORES HUERTA

L'amour durable

Toute la panoplie des guides pratiques qui nous expliquent comment entretenir la flamme de l'amour pourrait se résumer en quelques mots: par un effort constant. Lorsque nous sommes bafoué, repoussé, blessé, laissé pour compte, il faut savoir nous comporter comme le cœur qui continue de battre même dans un corps entamé: il faut persister. Si nous ne sommes pas déterminé à ne pas nous laisser abattre, nos rapports amoureux seront de courte durée.

Nous sommes tous coupables d'avoir un jour lancé la serviette devant un geste cruel ou un conflit apparemment insoluble. Tout effort pour corriger la situation ne semblait mener qu'à un autre échec plus pénible encore jusqu'à ce qu'enfin nous perdions la motivation voulue pour tenter de nouveau notre chance.

Mais comme il est impossible de vivre sans amour, il faut se relever et essayer encore. Il est bon de garder à l'esprit que peu d'obstacles résistent à la persévérance, à la détermination, à la patience et, surtout, à l'amour.

♥

Peu importe que l'on vous jette par terre, l'essentiel, c'est de vous relever.

VINCENT LOMBARDI

Vivre aujourd'hui, disséquer plus tard

Tout le monde cherche à comprendre en quoi consiste la vie. Quand on a enfin trouvé la réponse, le spectacle est terminé.

On raconte l'histoire d'un jeune homme qui s'était rendu sur les hauteurs de l'Himalaya à la recherche d'un grand maître qui, croyait-il, possédait le secret de la vie. Après bien des difficultés, le voyageur trouva enfin le sage au fond d'une caverne, très haut dans la montagne. Le maître vivait en ermite depuis de nombreuses années. À peine vêtu de quelques haillons, les cheveux et la barbe hirsutes, il avait les yeux vitreux et injectés de sang.

Le voyageur, nerveux, prit place aux côtés du maître. «Dites-moi, supplia-t-il, quel est le secret de la vie?

— Le secret de la vie est simple, répondit le maître. La vie est un bol de cerises.»

Le voyageur, pris de court, s'exclama: «Un bol de cerises?»

Le maître se recueillit un moment puis demanda: «Quoi? Ce n'est pas ça?»

La vie est ce qui se passe pendant que nous perdons un temps précieux à essayer de comprendre en quoi elle consiste.

♥

L'esprit est comme un parachute:
il n'est utile qu'à condition d'être ouvert.

ANONYME

L'écoute, c'est l'amour en action.

Nul n'est une île

Tout est interrelié. On dit qu'une feuille ne tombe pas de l'arbre sans que chacun de nous en soit touché d'une façon ou d'une autre. Nous en sommes enfin venus à l'évidence que le monde est petit et qu'il ne cesse de rétrécir. Il n'y a plus d'endroit sur terre où se cacher pour se soustraire aux autres.

Aucun mur n'est assez haut ni assez épais pour nous séparer de la solitude ou du désespoir de l'autre. Même si nous arrivons à nous convaincre que nous n'avons besoin de personne, les autres ont besoin de nous.

L'amour est le ciment qui unit toutes choses. Il a le pouvoir d'éclairer, de guérir, d'unir, d'enrichir et de restaurer. Il suffit de s'y ouvrir.

♥

Tout comme la vague ne peut exister par elle-même mais doit toujours participer du flux général de l'océan, de même nous ne pouvons vivre par nous-même mais devons partager avec les autres l'expérience que nous avons de la vie.

ALBERT SCHWEITZER

Le cœur prudent connaît l'amour

La sagesse populaire veut que l'amour soit principalement un mouvement du cœur, un sentiment intangible qui nous envahit et nous fait éprouver des émotions indescriptibles. Les Indiens Lakota, par contre, pensent que l'amour est la première forme de sagesse qui nous soit donnée et que tout dérive de ce savoir.

Lorsqu'on parle de gens qui tombent amoureux dès le premier regard, on ne peut que leur souhaiter d'avoir eu aussi un peu de clairvoyance. Car ce qui les a unis ne se perpétuera que s'ils sont bien déterminés à approfondir leur connaissance l'un de l'autre. L'amour doit grandir pour durer. Il doit être nourri d'expériences mutuelles, de compréhension, de patience, de jugement et de discrétion. Par sa nature complexe, l'amour se redéfinit sans cesse. Celui qui accepte le caractère changeant de l'amour est fidèle à son esprit autant qu'à son cœur.

♥

L'amour est la force qui sous-tend les valeurs humaines les plus élevées: la vérité, le savoir, la beauté, la liberté, la bonté et le bonheur.

PITIRIM SOROKEN

Le risque et l'amour

Il n'y a pas de mal à se trouver dans l'eau chaude pourvu qu'on en ressorte plus propre. Autrement dit, le risque a toujours du bon.

On m'a dit que si je quittais mon emploi pour faire le tour du monde, je le regretterais et n'obtiendrais sans doute jamais ma permanence. Je suis parti quand même. À mon retour, j'ai trouvé un emploi encore meilleur et j'ai eu ma permanence malgré tout.

On m'a dit que si j'offrais un cours sur l'amour à l'université, ce qui à mon avis répondait à un vif besoin, je passerais pour un fou. J'ai quand même donné le cours, j'ai effectivement passé pour un fou, et ce cours a transformé ma vie pour le mieux.

Quand j'étais enfant, on m'a répété souvent que les rêves ne se réalisent pas pour ceux qui naissent du mauvais côté de la voie ferrée. On m'a dit que je n'irais jamais à l'université et qu'il vaudrait mieux ramener mes objectifs à un niveau plus réaliste. Mais j'ai continué de rêver et de viser haut. Or, non seulement je suis allé à l'université, mais j'ai fait un doctorat.

Je n'ai jamais renoncé à un seul de mes rêves.

Tout ce qui vaut la peine d'être réalisé exige un risque. Refuser de prendre ce risque, c'est refuser d'entrer dans la danse. C'est vrai, courir un risque peut faire mal, mais le sentiment de vide qui vient de n'avoir rien risqué fait encore plus mal. Et personne n'a jamais réussi en amour sans prendre de risques.

♥

C'est plutôt amusant de faire des choses impossibles.

WALT DISNEY

L'amour se nourrit de différences

Ceux qui veulent recevoir en retour la mesure exacte de l'amour qu'ils ont donné se préparent une cruelle déception. L'amour ne se mesure pas et ne se distribue pas en quantités bien calculées. Parce que nous abordons le rapport amoureux chacun avec son histoire, ses ressources et son savoir, nous y apportons un potentiel, des qualités et des faiblesses de toutes sortes. L'un sera plus attentif, l'autre moins démonstratif; l'un sera moins sûr de lui, l'autre plus stable, et ainsi de suite. Ce n'est pas possible, ni même souhaitable, que deux personnes s'équilibrent parfaitement. Le déséquilibre crée des difficultés et pousse à évoluer. Vues dans cette perspective, nos différences ont le pouvoir de nous unir, bien que trop souvent on s'attende à tout le contraire.

L'amour est ainsi fait que deux personnes peuvent être unies par un amour absolu et total sans cesser pour autant de suivre chacune son cœur.

♥

Une vie vécue dans l'amour ne manque jamais d'intérêt.

L. F. B.

Faire de l'amour un art

Nous avons souvent une vision pantouflarde de l'amour. Nous fixons pour nos sentiments des paramètres fixes, rassurants, puis nous nous enfonçons dans le confort de ces limites, pourtant créées par nous. Nous n'allons pas vers l'amour, nous attendons qu'il vienne à nous. Nous nous tournons vers les romans, le cinéma et la télévision pour vivre l'amour par procuration, en restant des observateurs passifs. Nous craignons les émotions qui créent des exigences et risquent de devenir incontrôlables.

L'amour ne s'épanouit pas dans un tel climat. Les véritables amoureux font plus que chercher le confort dans l'amour, ils font de l'amour un art, et savent qu'il faut pour cela affiner ses sens et aiguiser sans cesse ses perceptions afin de pouvoir relever le défi de l'amour.

L'amour est une toile vierge qui n'attend que l'expression de notre créativité. L'œuvre ne sera jamais achevée, mais comme dans toute entreprise de création, le travail accompli nous ouvrira à une vision plus large, à des aperçus plus pénétrants, et nous procurera une joie issue de l'activité artistique elle-même, sans égard au jugement critique ou au désir de produire un chef-d'œuvre.

♥

Aimer, comme prier, est un pouvoir en plus d'être une activité.
Un pouvoir curatif et créateur.

ZONA GALE

L'amour et l'affirmation de soi

Les ouvrages de psychologie populaire nous le répètent abondamment: nous avons le droit de nous affirmer. Il faut, nous dit-on, être soi-même, dire ce que nous pensons et, dans les limites de la bienséance, exprimer notre «je». Nous sommes invité à formuler nos opinions sans restriction et sans timidité. Certains en ont conclu qu'ils avaient le droit d'être d'une honnêteté brutale et de faire tout ce qui leur chante pourvu qu'ils puissent en venir à leurs fins. Tout cela sous prétexte que la timidité ne donne rien et ne mène nulle part.

Il n'est pas nécessaire d'attaquer pour s'affirmer. La véritable affirmation de soi est au contraire courtoise, généreuse et subtile. C'est exprimer sa pensée sans réduire l'autre à la soumission.

S'affirmer de façon positive, c'est chercher l'équilibre entre la défense de ses convictions et le respect des droits de l'autre. Il faut savoir ce qu'on veut, ce qu'on ressent et ce qu'on pense, et l'exprimer avec franchise et simplicité, sans colère et sans crainte.

♥

Un homme qui pointe en direction d'un autre devrait se rappeler que trois de ses doigts pointent vers lui-même.

LOUIS NIZER

Nous sommes pour la plupart pris au jeu de l'amour, un jeu auquel nous ne comprenons rien.

Les priorités de l'amour

Pour mesurer l'intérêt que nous portons à quelqu'un, demandons-nous où se situent le bonheur et le bien-être de cette personne dans notre liste de priorités. Le geste peut sembler mécanique et arbitraire, mais nous aurons là un indicateur très fiable de notre amour.

Nous avons tous un ordre de priorité, conscient ou non, en fonction duquel nous répartissons notre temps et faisons nos choix d'activités. Par exemple, combien de fois plaçons-nous nos propres besoins et désirs avant ceux de la personne aimée? Si l'autre veut assister à une réception, accepterons-nous de rater un match de base-ball, un concert ou une sortie avec les copains ou les copines? Faisons-nous attendre les gens qui nous aiment parce que notre temps nous paraît plus important que le leur? Dans quelle mesure sommes-nous prêt à mettre nos propres désirs en veilleuse et à réorganiser nos priorités pour les rendre heureux?

Cela ne veut pas dire qu'il faut sans cesse repenser sa vie en fonction du désir des autres. Mais il reste vrai qu'un regard lucide sur nos priorités de comportement nous révélera l'importance que nous accordons à nos rapports amoureux.

♥

Aimer, c'est placer son bonheur dans le bonheur d'un autre.

GOTTFRIED WILHELM VAN LUBREITZ

Ce que vous êtes suffit

Vous êtes vous-même à la perfection. Personne ne pourrait être vous mieux que vous, même en le voulant de toutes ses forces. Ce qui ne veut pas dire qu'il n'y a pas de place pour l'amélioration, mais seulement que vous n'êtes en concurrence avec personne. Le jour où l'on reconnaît avoir en main tout ce qu'il faut pour être vraiment soi, on se libère des identités factices, créées de toutes pièces. Il faut beaucoup d'énergie pour être quelqu'un que l'on n'est pas, une énergie qu'il vaudrait mieux consacrer à des activités plus constructives.

Comme vous êtes un être unique, le message est clair. Vous avez quelque chose à offrir que personne d'autre ne peut offrir à votre place. Ne pas accorder de valeur à cette réalité est une tragédie, non seulement pour vous, mais pour le monde entier.

♥

Je ne suis qu'une, mais tout de même je suis une.
Je ne peux tout faire, mais je peux faire quelque chose.
Je ne refuserai pas de faire le quelque chose que je peux faire.

Helen Keller

L'amour est plus qu'un miroir

Éliminez le narcissisme, et il restera bien peu d'amoureux. On a dit que, comme Narcisse, nous cherchons à aimer qui nous ressemble. Nous exigeons qu'on nous flatte, qu'on nous confirme dans nos opinions, qu'on se réjouisse de nos actions et qu'on place notre bien-être au-dessus de tout.

Nous ne voyons alors l'amour que dans la mesure où il s'applique à nous. Nous nous complaisons dans la vanité de ce sentiment et repoussons sans hésiter tout ce qui n'y est pas conforme. Si quelqu'un ose nous contredire ou exprimer une autre vision du monde que la nôtre, c'est que cette personne ne nous aime pas. Si quelqu'un nous critique, c'est par manque d'amour. Au-delà du «je», nous ne voyons rien. Nous attendons des autres qu'ils ne soient rien d'autre qu'un zoom parfaitement mis au point sur notre petite personne.

Mais alors, nous n'aimons pas les autres, nous aimons que les autres nous aiment.

♥

Vous vous ferez plus d'amis en deux mois si vous vous intéressez aux autres qu'en deux ans d'efforts pour amener les autres à s'intéresser à vous.

DALE CARNEGIE

Pour comprendre, il faut vouloir comprendre

En anglais, le verbe comprendre se rend par «to understand». Or, cela signifie littéralement «observer en se tenant dessous». Voilà qui témoigne d'une grande sagesse. Pour comprendre une chose, il faut en effet bien la connaître, de bas en haut.

Les humains que nous sommes se plaisent à porter des jugements rapides. Nous avons des opinions sur tout, même sur des sujets dont nous ne savons rien. Nous consacrons un temps fou à prévoir, estimer, spéculer, décider et critiquer, généralement à tort et à travers. Nous agissons ainsi parce que notre compréhension du monde est limitée par notre compréhension de nous-même, qui est, dans le meilleur des cas, fort maigre.

On peut en conclure qu'une meilleure compréhension de soi mènerait à une meilleure compréhension des autres. Quand on parvient à accepter ses propres réactions souvent imprévisibles, on comprend un peu mieux pourquoi les autres agissent comme ils le font. Un vieil adage amérindien dit que, pour comprendre quelqu'un, il faut passer un bon moment dans ses mocassins. Mais j'ajouterais qu'il faut d'abord se sentir raisonnablement bien dans ses propres mocassins avant de s'essayer à chausser ceux d'un autre.

♥

Regarder quelqu'un de haut n'est justifié que si vous vous apprêtez à lui tendre la main pour l'aider à se relever.

JESSE JACKSON

L'amour n'est pas l'amour, à moins d'être en usage

Il semble y avoir en ce monde si peu d'amour partagé, comment s'étonner d'entendre certains demander: «Où sont les amoureux disparus?» Comme l'amour est l'énergie vitale la plus saine que nous puissions utiliser, on se demande pourquoi si peu de gens y puisent. L'amour, s'il n'est pas mis en œuvre, n'est rien d'autre qu'une idée abstraite et parfaitement inutile.

Certains croient à tort que l'amour nous est donné en quantité limitée et qu'en le distribuant trop libéralement on risque de dilapider la part qui nous a été réservée. Les gens qui pensent ainsi aiment avec parcimonie et passent leur vie à faire des réserves en prévision de Dieu sait quoi.

Pourtant, qu'avons-nous d'autre à donner qui coûte si peu? Qu'avons-nous d'autre qui nous soit si peu compté? Quel autre de nos biens a le pouvoir de gratifier autant le donateur que le bénéficiaire?

À moins d'être constamment en situation d'amour actif, nous n'utilisons pas le don le plus précieux qui nous ait été donné et qu'à notre tour nous devons offrir.

♥

Si j'empêche un cœur de se briser,
je n'aurai pas vécu en vain.
Si je soulage la peine d'une vie,
si je calme une douleur,
ou si j'aide un oisillon tombé à retrouver son nid,
je n'aurai pas vécu en vain.

EMILY DICKINSON

Tous égaux devant l'amour

Peut-être ne sommes-nous pas égaux en richesse, en pouvoir, en intelligence ou en célébrité, mais nous avons tous le même potentiel de croissance dans l'amour. Certains croient que l'amour vient plus facilement aux riches et aux puissants parce qu'ils ont plus de temps à y consacrer, tandis que les gens ordinaires seraient trop occupés à survivre pour se laisser émouvoir par des considérations aussi romantiques et inutiles que l'amour.

En réalité, chacun sait que l'argent, le pouvoir, la célébrité et l'intelligence ont bien peu à voir avec la réussite en amour. L'argent achète le sexe et une certaine mesure de respect, mais certainement pas l'amour. Le pouvoir motive, intimide, tyrannise même, mais il ne procure pas l'amour. Les gens célèbres ont des mésaventures amoureuses également célèbres en dépit du fait que la célébrité leur soit un atout incontestable. Et les plus intelligents d'entre nous ne sont pas toujours très sages quand il s'agit des choses de l'amour.

De tous les comportements humains, l'amour est le plus démocratique. La mesure du succès n'est déterminée que par l'effort consenti pour apprendre à aimer, et par la capacité de se relever après l'échec, de courir des risques, de s'adapter et d'évoluer.

♥

Chacun de nous sera un jour jugé pour sa qualité de vie...
non pour son niveau de vie; pour l'ampleur de sa générosité...
non pour l'ampleur de sa richesse; pour sa bonté...
non pour sa grandeur.

WILLIAM ARTHUR WARD

L'amertume aigrit

Le fruit aigre n'est pas attirant. Il en est de même des gens. Il y a quelque temps, j'ai reçu une lettre d'une femme qui se plaignait de la solitude. Son mari, disait-elle, l'avait abandonnée, et sa famille ne la visitait que rarement, et toujours à contrecœur. Puis elle a débité son catalogue de griefs. Elle vieillissait, sa santé était chancelante, le monde était cruel, ses amis manquaient de considération. Elle en voulait même à ceux qui semblaient vouloir l'aider. Elle estimait son amertume justifiée dans tous les cas sans se rendre compte que son attitude absolument négative accroissait son isolement.

J'ai répondu en laissant entendre que sa vision négative des choses contribuait peut-être à son problème (qui, en effet, voudrait se laisser approcher par autant d'amertume?). Elle a rétorqué que j'étais encore pire que les autres puisque je prétendais être un amoureux alors qu'en fait je n'étais qu'un hypocrite.

L'expérience montre que la vie nous rend pas mal ce que nous lui donnons. Si nous donnons de l'amertume, pour quelque raison que ce soit, comment s'attendre à recevoir autre chose? Mais si nous faisons face à l'adversité avec le sens de l'humour et sommes reconnaissant pour ce que nous avons reçu, nous constaterons vite que les gens autour de nous réagissent en conséquence.

♥

Il avait une crotte sur le cœur qu'il pouvait toujours ressortir pour alimenter une querelle.

FRED ALLEN

L'amour n'est pas pour
les petites natures
qui concèdent facilement
la défaite ou sont vite
désillusionnées.

Un gramme de discrétion vaut un kilo de savoir

Proverbe italien

Les enfants exigent la satisfaction immédiate de leurs besoins. À défaut de l'obtenir, ils ont tout un répertoire de cris, de pleurs et de trépignements pour imposer leur volonté. En grandissant, nous apprenons souvent douloureusement que le monde n'a pas été créé en fonction de nous. D'autres gens méritent aussi de la considération. Nous apprenons le tact et la discrétion, et nous nous mettons à l'écoute de la petite voix intérieure qui dit: «Tais-toi! Ce n'est ni le moment ni le lieu de suivre tes impulsions.» Nous apprenons à attendre que la passion cède le pas à des comportements plus mesurés.

Lorsque l'autre nous tient vraiment à cœur, nous acceptons de reporter à plus tard la satisfaction de nos désirs et de réprimer nos exigences (du moins temporairement), sachant que nous n'aurons rien gagné si d'avoir parlé nous perdons l'amour.

J'ai un ami qui ne peut s'empêcher de rouspéter à la moindre provocation. Pour se justifier, il cite les théories à la mode sur l'importance de bien ventiler sa colère et sa frustration afin d'éviter des dommages physiques et psychologiques irréparables. On le voit donc enguirlander sans cesse sa famille, ses amis et quiconque le prend à rebrousse-poil. Il est convaincu que sa santé s'en porte mieux, sans se soucier des effets de ses comportements sur la santé (surtout mentale) de ceux qui l'entourent. Et le pauvre, il ne comprend pas pourquoi il est si seul, rejeté de tous et peu aimé.

Un peu de répression sélective, même quand nous sommes sûr d'avoir raison, non seulement nous gagne des amis et nous donne de l'influence, mais nous vaut aussi le respect et l'amour des autres et nous permet de construire des rapports humains durables.

♥

Avec de la douceur et de bonnes paroles,
on peut mener un éléphant par un fil.

Proverbe perse

L'amour au rang des commodités

La «génération Moi» des années quatre-vingt a choisi d'aborder l'amour comme une opération commerciale, ce qui a réduit les êtres humains au rang de marchandises. Il s'agissait surtout de gratifier son moi plutôt que de viser la satisfaction mutuelle.

Bien sûr, tout le monde n'a pas adopté cette attitude, mais nous connaissons tous des gens qui vivent en fonction de ces valeurs du moi: deux êtres qui, indépendamment l'un de l'autre et sans égard pour les sentiments de l'autre, font leur vie chacun de son côté.

Il y a quelques années, j'ai rencontré une femme qui semblait avoir commandé son mari par catalogue tellement il lui convenait parfaitement. Il était beau, intelligent, travailleur, dévoué et loyal — tout ce qu'il fallait à l'époque pour impressionner ses amies et lui apporter la gratification personnelle qu'elle recherchait. Au bout de quelques années, cependant, elle m'a annoncé que «M. Parfait» avait perdu de son éclat, un peu comme une nouvelle toilette se défraîchit d'avoir été trop souvent portée. Elle s'en est défait sans scrupule et est partie à la recherche d'un nouvel amour. Elle se devait d'agir ainsi, estimait-elle, par devoir envers elle-même. Peu de temps après, elle était remariée. Lui, par contre, ne s'en est pas encore remis.

Lorsque nous utilisons les autres à nos propres fins, nous les réduisons à l'état d'objets. Il ne faut pas s'étonner qu'ils en restent brisés pendant des années, sinon pour toujours.

Un tel comportement est une perversion de la décence la plus élémentaire et n'a absolument rien à voir avec l'amour.

♥

Ce qui nous mine et empoisonne notre bonheur, c'est le sentiment que nous parviendrons bientôt au terme de ce qui exerce sur nous son pouvoir d'attraction.

Pierre Teilhard de Chardin

Survivre aux blessures de l'amour

Pour être un véritable amant, il faut savoir accepter la détresse autant que le bonheur qu'apporte l'amour, car l'un et l'autre sont indissociables de la réalité d'aimer. L'amour terrestre étant imparfait, la douleur est inévitable, mais l'amoureux peut survivre à ses blessures. Je ne connais pas d'amant digne de ce nom qui ne soit couvert de cicatrices superficielles.

La plupart survivent à leurs blessures, mais certains les affichent comme des blessures de guerre tout en continuant de combattre l'amour. Ils gardent au plus profond d'eux-mêmes la liste de tous les torts qui leur ont été faits et se disent: «On ne m'y reprendra plus!»

L'amour apporte certes son cortège de déceptions et de tristesses, mais les plus sages d'entre nous savent en tirer des leçons. Les triomphes de l'amour sont alors plus doux. La force émotionnelle et la sagesse se construisent peu à peu, et souvent, sur fond d'adversité. Mais c'est payer bien peu pour un savoir aussi grand.

♥

Le malheur unit et fait jaillir cette belle amitié profonde,
tout comme l'hiver dessine sur les carreaux
des silhouettes givrées que la chaleur du soleil efface.

Sören Kierkegaard

Promouvoir l'amour

Nos vies sont à tel point envahies par la haine, la cupidité, la violence et l'égoïsme qu'il nous arrive d'oublier qu'il y a dans le monde autant de bonté que de haine. Ceux qui font la promotion de la haine, cependant, semblent faire plus de bruit que les amoureux et se font très certainement accorder plus de temps d'antenne.

Depuis des années, je fais la promotion d'une série télévisée où l'on verrait du bon monde en train de faire de bonnes choses. Les experts me disent d'oublier ça, que la bonté ne se vend pas! Les histoires constructives et le bon monde, semble-t-il, manquent d'attrait. Nous sommes donc en voie de former une génération qui pense qu'il n'y a aucun intérêt à s'aimer les uns les autres et qui entretient une vision négative de la vie, appelée la «vraie réalité».

Comment s'étonner qu'un si grand nombre de gens se laissent gagner par la haine, la violence et l'égoïsme quand on voit avec quelle énergie notre société les magnifie. Il me semble devenu plus important que jamais de faire la promotion de la bonté et de l'amour, à n'importe quel prix.

♥

Nous souffrons de voir trop de mort et pas assez de vie,
trop de peine et pas assez de joie, trop d'avidité et pas assez
de générosité, trop de solitude et pas assez d'amour.

ANONYME

La mort nous vient naturellement, mais non le courage de vivre

La vie nous est accordée comme un don. Nous pouvons en disposer à notre guise. Nous pouvons subir notre sort avec résignation ou nous y opposer avec rage, faire de la vie une source de réjouissance ou la vivre comme un joug, y trouver du bonheur ou de la tristesse, de la lumière ou des ténèbres. Bref, c'est à nous de décider, nous avons le choix!

De toutes les personnes que j'ai connues, ma mère est sans doute celle qui avait la vision la plus positive de la vie. Quand tout allait mal, elle s'empressait de mettre les choses en perspective. Au lieu de broyer du noir, elle invitait des amis et préparait un de ses excellents plats de pâtes. (Les pâtes avaient le pouvoir de guérir tous les maux!) Ou encore, elle planifiait une sortie, un petit voyage au bord de la mer, la mer ayant aussi à ses yeux un grand pouvoir curatif. Ainsi, elle redécouvrait (tout comme nous) que la vie procure aussi des plaisirs. Elle a vécu jusqu'à l'âge de quatre-vingt-deux ans et n'a jamais perdu cette faculté. Elle a toujours su nous convaincre qu'il valait mieux choisir la vie, surtout, comme dit Woody Allen, quand on considère l'autre éventualité.

♥

Réjouissez-vous de la vie car elle vous donne la chance d'aimer,
de travailler, de vous divertir et de contempler les étoiles.

HENRY VAN DYKE

L'affection et l'amour

Notre société est l'un des rares groupes sociaux qui désapprouve le contact physique, même entre amis et membres d'une même famille. Dans nos grandes familles italiennes, par contre, il aurait été carrément péché de ne pas s'embrasser.

La science a montré que le seul fait de se serrer dans les bras les uns des autres est une forme de thérapie très efficace et peu coûteuse. Et pourtant, nous restons assoiffés de contacts humains. Dans un sondage réalisé pour préparer l'un de mes précédents livres, je demandais aux répondants d'énumérer trois qualités essentielles à une relation amoureuse durable. J'ai été surpris de constater que l'affection (se toucher, se caresser, se serrer dans les bras) figurait au premier rang dans la plupart des cas, devancée occasionnellement par la communication. Les rapports sexuels, par contre, que les répondants distinguaient nettement de l'affection, n'occupaient que le huitième rang.

L'affection, le toucher non sexuel, est une incroyable source de bien-être physique et émotionnel, essentielle à la croissance de l'amour. C'est gratuit, toujours disponible et ne nécessite aucun matériel particulier. En amour, il faut laisser savoir à l'autre qu'il ou elle nous tient à cœur. Quoi de mieux que de le montrer de façon tangible chaque fois que l'occasion se présente?

♥

Le contact affectueux fait toute la différence. Sans la soupe au poulet de maman, sans Mère Teresa, sans la poignée de main affectueuse du voisin à l'église ou le geste de consolation de l'infirmière à l'hôpital, nous en serions réduits à vivre comme des animaux.

EVERETT TETLEY

Les œillères et l'amour

Accéder au savoir: quelle chose merveilleuse! Nous en sommes, pour la plupart, rendus plus libres et plus heureux. Mais le savoir, s'il a le pouvoir de nous libérer, peut aussi nous enchaîner. Très tôt dans la vie, nous faisons l'acquisition d'un système de valeurs qui peut devenir périmé et faire obstacle aux perceptions nouvelles. Aimer quelqu'un a cette capacité étonnante de nous amener à voir les choses autrement, car l'être aimé nous conteste souvent dans nos vieilles croyances et nos habitudes. L'amour est une invitation à élargir notre vision du monde en nous amenant à le voir avec les yeux d'un autre. Nous risquons de passer complètement à côté si nous y voyons une menace plutôt qu'une occasion d'évoluer.

♥

L'amour seul peut unir deux êtres de manière
à les compléter et à les combler totalement,
car seul l'amour les unit en ce qu'ils ont de plus profond.

Pierre Teilhard de Chardin

L'amour se mérite

Plus nous exigeons d'amour, plus l'amour nous échappe. Ni supplications, ni promesses, ni marchandage, ni flatteries, ni menaces ne nous apporteront l'amour. Le véritable amour n'est accordé que s'il a été mérité.

♥

L'amour flétrit sous la contrainte; son essence même est d'être libre;
il est incompatible avec l'obéissance, la jalousie ou la peur:
il n'est pur, parfait et sans limite que là où ses adeptes
vivent dans la confiance, l'égalité et la réserve.

PERCY BYSSHE SHELLEY

Le moi est un obstacle à l'amour

Nous nous prenons tous plus ou moins pour des amants, mais bien peu d'entre nous renoncent suffisamment à eux-mêmes pour découvrir la vraie signification de ce mot. «Aimer» veut dire se détacher de soi-même pour se tourner vers les autres en se donnant pour principal objectif de les aider à réaliser toutes leurs potentialités. Leur succès devient notre fierté; leur croissance nous donne satisfaction; leur savoir accru nous enrichit car nous pouvons le partager. En renonçant de temps à autre à notre moi, nous nous rapprochons des autres et accédons à une meilleure compréhension de l'amour.

♥

Ce qu'il y a de bien avec les égoïstes, c'est qu'ils ne parlent pas des autres.

LUCILLE S. HARPER

Porter son regard sur l'amour

Nous avons peut-être une vision parfaite, mais peu d'entre nous savent s'en servir.

Je me souviens d'une lettre qu'une femme m'a écrite: «Je pense que mon mari ne m'a jamais vraiment regardée depuis quinze ans. Nous sommes ensemble la plupart du temps, et pourtant je crois que si j'entrais dans la pièce nue comme un ver, montée sur un cheval blanc et la tête en feu, mon mari continuerait tranquillement de regarder la télé ou de lire son journal. Ce n'est pas par manque d'amour, c'est que je suis devenue la femme invisible.»

Quand je donnais mon cours sur l'amour, je demandais parfois à mes élèves: «Vous vivez avec votre mère depuis plus de vingt ans. Quelle est la couleur de ses yeux?» Bien peu d'entre eux parvenaient à répondre à cette question sans hésiter.

Nos enfants grandissent et partent de la maison. Les gens que nous aimons meurent; et quelques semaines plus tard, nous avons du mal à nous rappeler leurs traits.

Je me souviens d'une conférence que j'ai donnée devant un public d'aveugles et de mal-voyants. Après la conférence, une participante m'a demandé si elle pouvait me «lire en braille». Avec des gestes très doux, elle a passé ses mains sur mon visage et m'a inspecté comme ses yeux ne pouvaient pas le faire. Puis elle m'a souri, ravie, et a dit: «C'est très gentil.»

Une grande partie de la communication est non verbale. Lorsque les mots deviennent trompeurs et que la vue faiblit, il est bon de se rappeler que l'amour peut être perçu à l'aide de tous les sens.

♥

Il n'y a pas de pire aveugle que celui qui ne veut pas voir.

ANONYME

Le seul traumatisme durable est celui que nous subissons sans évolution positive.

L'heure de se réjouir

Curieusement, nous tenons un compte précis de tous les malheurs qui nous arrivent et nous avons tendance à oublier les bons moments.

Dans mon cours sur l'amour, je demandais à chaque élève de partager avec la classe une expérience de profond désespoir et une expérience de joie intense. Je trouvais surprenant de voir avec quelle facilité les gens racontaient leur désespoir (souvent avec force détails) tandis qu'il leur était beaucoup plus difficile de se rappeler un moment heureux. Ce n'est peut-être pas si étonnant quand on pense au nombre incalculable de récits de catastrophes et de malheurs dont nous sommes sans cesse bombardés. L'histoire telle qu'on nous l'enseigne se compose presque exclusivement de récits de guerre, d'oppression, de famines et de catastrophes. Les périodes de paix et de bonheur semblent avoir laissé bien peu de traces.

Maman nous encourageait à collectionner le plus de souvenirs heureux possible. Elle nous disait qu'ils nous seraient utiles dans les moments durs. Et elle pratiquait ce qu'elle prêchait. Quand le malheur s'abattait sur nous, elle nous rappelait que nous aurions encore des jours heureux. Elle avait aussi un talent merveilleux pour transformer des expériences douloureuses en moments constructifs. Il me vient d'ailleurs immédiatement à l'esprit un souvenir précis. Papa nous a annoncé un soir que son associé avait pris la clé des champs. Son entreprise allait faire faillite, et nous serions très endettés. Bien entendu, nous étions tous catastrophés. Comment allions-nous payer les factures? D'où viendrait notre prochain repas? Le lendemain, maman a répondu à cette deuxième question. Elle a préparé le repas le plus élaboré que nous ayons eu depuis des mois. Papa s'est fâché. «Es-tu devenue folle?» s'est-il écrié. «Non, a répondu maman, j'ai seulement pensé qu'une petite fête serait de mise. C'est dans des moments comme celui-ci qu'on a besoin de se réjouir! Nous allons nous en sortir.» Et nous l'avons fait. En plus de nous donner une leçon de vie, maman nous a laissé ce jour-là un souvenir merveilleux qui allait nous accompagner le reste de notre vie. Personne de notre famille n'a jamais oublié ce repas.

Prenez note des occasions où vous avez triomphé de l'adversité. Vous vous souviendrez ainsi que c'est encore possible de le faire. Rappelez-vous vos moments de joie et de bonheur. Ces souvenirs vous donneront de la force quand tout ira mal.

Sachez vous réjouir dans les moments heureux; mais sachez aussi vous réjouir dans les moments difficiles.

♥

Apprenez à rire de vos problèmes et vous ne manquerez jamais de sujets de rigolade.

LYN KAROL

Impossible de sortir du problème en restant la personne qui l'a créé

Les problèmes sont le lot de tous les êtres humains, et aucune relation humaine n'en est totalement exempte. Lorsqu'ils se présentent, il est bon de se rappeler que nous en sommes responsable, au moins en partie. Nous en sommes peut-être même la source. À force d'aborder les conflits toujours de la même manière, nous nous éloignons sans cesse des moyens de les résoudre pour de bon. Nous continuons de courir sur place, nous n'allons nulle part et ne réglons rien.

Pour régler un conflit, il faut élargir son point de vue et acquérir de nouvelles compétences. Quand les obstacles nous apparaissent comme des occasions de renouvellement, non seulement trouvons-nous des solutions, mais nous améliorons notre aptitude à la résolution de problèmes.

♥

À défaut de résoudre un problème, il faut en rire.

Frank A. Clark

L'attention: un message d'amour

Une élève de mon cours sur l'amour me disait que, par moments, elle avait le sentiment que le monde entier était sourd à sa voix. «Je n'obtiens aucune réponse. Je parle et j'en viens à penser que je parle toute seule. Est-ce que je suis folle?»

Je l'ai vite rassurée. Non, elle n'était pas folle et elle n'était pas la seule à se sentir ainsi. Nous connaissons tous le sentiment de vide qui vient de n'être plus entendu. L'écoute est un acte d'amour ou, tout au moins, un geste de simple considération.

La communication exige la présence de deux facteurs: une voix qui parle et une oreille qui écoute. Élémentaire, direz-vous, mais pas tant que ça. Nous faisons, pour la plupart, de l'écoute sélective: nous sommes attentifs à ce qui nous intéresse et n'écoutons que d'une oreille ce qui nous ennuie. Avec tout le vacarme qui nous assaille chaque jour, c'est sûrement là une bénédiction. Mais il en est tout autrement lorsque nous fermons l'oreille à ceux que nous prétendons aimer.

Avec le temps, l'attention s'effrite, les distractions se font plus nombreuses, la voix faiblit, et nous tendons trop souvent une oreille sourde à ceux qui ont le plus besoin d'être entendus. Et quand nous en prenons conscience et tentons de réparer les torts que nous avons causés, il est souvent trop tard.

♥

Nous avons deux oreilles et une seule bouche,
ainsi pouvons-nous écouter davantage et parler moins.

DIOGÈNE

Vouloir à tout prix transformer ceux qu'on aime

Que de défauts nous trouvons chez ceux que nous aimons! Si seulement ils étaient plus comme ceci ou moins comme cela, s'ils ressemblaient davantage à «x» ou à «y», notre bonheur serait complet. Il en est ainsi même quand une partie de nos attentes provient de nos fantasmes, de nos états d'âme ou, plus bêtement encore, de notre stupidité.

Une de mes lettres favorites m'est venue d'une femme bien déterminée à transformer son mari (même avant qu'il ne devienne son mari). Après des années de harcèlement, de menaces et de manipulation, elle a enfin obtenu gain de cause. Son mari était devenu en tous points ce qu'elle souhaitait qu'il soit. Il ne subsistait plus qu'un problème: ce n'était plus l'homme qu'elle avait épousé!

♥

Nous avons tous une chose en commun: nous sommes tous différents.

ROBERT ZEND

Quand l'amour a besoin d'aide

Nous nous sommes tous abreuvés au mythe de l'amour romantique qui, lorsque nous refermons les pages du livre, unit les amants à jamais dans un bonheur infini que rien ne saurait ternir. De deux qu'ils étaient, ils sont devenus un, inséparables et parfaits pour l'éternité.

Voilà ce qui fonde le syndrome du «conte de fées» qui nous fait appeler de tous nos vœux la dimension extatique de la passion et laisser dans l'ombre le côté plus prosaïque, plus patient et plus paisible de l'amour. Les années passent, nous envisageons avec nostalgie la personne que nous étions et nous imposons à l'autre d'incroyables attentes en vertu de critères de perfection totalement absurdes.

L'amour, comme la vie, subit de nombreuses transformations. Plus nous serons ouvert à ces changements et plus nous saurons les accueillir, plus notre amour sera une valeur sûre.

♥

Les personnes qui ont de la valeur sont les plus conscientes de la valeur des autres.

MALCOLM S. FORBES

La confiance

La confiance est l'une des qualités les plus fondamentales de l'amour. Nous avons besoin de nous sentir en sécurité, de savoir que l'autre veut notre bien et veut nous voir évoluer. Nous devons sentir que l'autre prend notre parti. Tant que nous n'avons pas clairement reçu ce message, nous restons fermé à l'influence d'autrui et nous nous préoccupons relativement peu de son bien-être.

Nous mettons les autres à l'épreuve pour savoir s'il nous aiment vraiment. Nous les observons pour voir s'ils pensent à nous, s'ils s'ouvrent à nous ou se tiennent sur leurs gardes, s'ils nous écoutent avec leur cœur autant qu'avec leur esprit, s'ils partagent notre bonheur ou s'en sentent menacés, s'ils nous soutiennent dans la détresse ou nous abandonnent au premier signe de conflit. Le jour où nous sommes sûr de leur amour, tout devient possible. Nous devenons audacieux, prêt à évoluer et à prendre des risques jusqu'alors insoupçonnés. Nous surmontons nos peurs ou renonçons à des habitudes destructrices. Nous apprenons à céder, à exprimer nos sentiments et même à demander pardon. Tous ces petits miracles deviennent possibles le jour où nous nous sentons en sécurité et savons que nous pouvons faire confiance à l'amour.

♥

Quand il n'y a plus que l'amour, alors, pour la première fois,
on découvre que l'amour suffit.

ANONYME

Pour certains, la principale gymnastique émotionnelle consiste à sauter aux conclusions hâtives.

L'amour n'est pas une affaire privée

S'il est vrai que chacun de nous n'est qu'une personne parmi des millions, nous n'en sommes pas moins de puissantes forces de bien et de mal. Tout sur cette terre a sa raison d'être, sa fonction et son effet. Comme le caillou lancé dans la mare, chacun de nos actes produit des ondes en cercles concentriques sans cesse plus larges qui touchent tout sur leur passage.

Il est parfois difficile de concevoir que tout est interrelié et que, par conséquent, tout ce qui se produit dans le monde se répercute réellement sur nous. Le bien et le mal que nous faisons ne sont donc absolument pas une affaire privée. Ce sont des actes qui ont de l'importance pour nous tous.

Tant qu'il y aura de la douleur, de la souffrance, de la solitude et de la faim dans le monde, nous en serons responsable. Il n'y a pas de place pour un amour exclusif et paroissial lorsque les effets de notre amour, de notre compassion et de notre générosité ont le pouvoir de transformer la vie de ceux que nous aimons. Par nos actes, nous pouvons aussi changer le monde.

♥

Si vous croyez avoir suffisamment donné, détrompez-vous.
Il y a toujours plus à donner et toujours quelqu'un à qui donner.

NORMAN VINCENT PEALE

Maîtriser la peur

Personne n'est à l'abri de la peur. Mais comme pour toutes les émotions, il faut la maintenir en équilibre en restant attentif aux voix qui nous incitent à risquer, à tenter l'aventure, à courir notre chance.

La première fois que nous avons enfourché une bicyclette, le risque d'une chute nous est soudain devenu douloureusement sensible. La crainte nous a rendu plus prudent, mais le désir d'apprendre, plus vif que la peur du danger, nous a poussé à continuer nos tentatives jusqu'à ce qu'elles soient couronnées de succès et que la peur s'envole. Les gestes simples de l'amour, comme sourire, amorcer une conversation, dire un bon mot, exprimer une émotion sincère, ne nous font peur que parce que nous manquons de pratique. Si notre orgueil s'y écorche un peu, ce n'est sans doute pas plus grave que l'éraflure au genou qu'il a bien fallu subir pour apprendre à aller à bicyclette. N'a-t-elle pas guéri, après tout? L'amour nous oblige à surmonter les peurs irrationnelles et défaitistes qui nous font élever des barrières entre nous et les autres.

♥

Sur cette terre, où que nous soyons, sans l'amour, il n'y a que la peur.

PEARL S. BUCK

Vouloir surtout être aimé

Nous voulons être aimé et sommes prompt à condamner ceux qui ne nous donnent pas satisfaction. Nous croyons que la vie nous garantit l'amour éventuel de quelqu'un. Il nous vient rarement à l'esprit que la mesure dans laquelle nous sommes aimé est directement proportionnelle à notre amabilité.

Nous connaissons tous des gens constamment déprimés, qui broient du noir, craignent de s'engager, fuient les responsabilités, s'emportent à la moindre vexation et se demandent pourquoi on les évite et pourquoi personne ne les aime. Qui voudrait aimer une telle personne, sinon quelqu'un qui cherche activement son malheur?

Le jour où nous demanderons moins d'amour et commencerons à en donner plus, le fondement même de l'amour humain nous sera révélé.

♥

Quel est le prix de l'amour, sinon l'amour?

MARY DE LA RIVIÈRE MANLEY

Attendre un amour qui n'existe pas

Nous entretenons tous des fantasmes d'amour parfait. Certains d'entre nous estiment ne mériter rien de moins. Nous rêvons de rapports humains entièrement libres de conflits, débordants de chaleur et de compréhension, d'acceptation et de tendresse. Nous consacrons un temps fou à comparer laborieusement ce que nous avons à nos rêves et à nos aspirations, et nous nous plaignons amèrement des lacunes ainsi constatées.

J'ai un ami qui était si déterminé à trouver l'amour parfait qu'il a quitté femme et enfant pour partir à sa recherche. Il y allait, disait-il, de son droit au bonheur. Depuis lors, il a courtisé au moins dix-sept femmes, mais n'a pas encore trouvé l'idéal qu'il cherche. Quand on lui demande ce qu'il cherche si désespérément, il répond que c'est le grand amour. Bien sûr, il ne sait pas trop ce que cela signifie. Je pense qu'il sera content le jour où il se sera épousé lui-même.

Nous serions sans doute moins frustré si nous acceptions que, sur cette terre, il n'y a pas d'amour parfait. Il n'y a que de l'amour humain. Nous pourrions alors consacrer notre énergie à apprécier l'amour que nous avons et à le mettre en valeur.

♥

C'est en aimant qu'on apprend à aimer.

IRIS MURDOCH

Renoncer à la dignité, c'est aussi renoncer au droit de s'en plaindre

Il semble toujours plus facile de blâmer les autres pour la douleur et la frustration que nous ressentons. Nous acceptons rarement de prendre la responsabilité de notre propre malheur. Mais si nous avions l'honnêteté de passer en revue nos comportements, nous verrions peut-être que, par indifférence, faiblesse ou ignorance, nous avons commis l'impardonnable: nous nous sommes placé sous la domination de quelqu'un d'autre. Nous avons renoncé à l'élément le plus vital de l'amour. Comment ne pas se sentir vide et abattu? Désemparé, dominé, nous nous sommes réduit à rien. Pis encore, nous l'avons fait délibérément.

Le bonheur est en grande partie fondé sur le sentiment de la dignité. Sans estime de soi, sans le sentiment de sa propre valeur (qui est un droit), nous perdons une grande partie de notre capacité de donner et de recevoir, et donc, faut-il le préciser, de notre capacité de recevoir un don aussi précieux que l'amour.

♥

Un homme se définit par ses convictions.

ANTON TCHEKHOV

La possession détruit ce qu'elle cherche à protéger

Il n'est ni possible ni souhaitable d'exercer une maîtrise absolue sur un autre être humain. C'est un comportement toujours destructif. Le grand amour, si on en croit le mythe, conduirait deux personnes à lier leurs vies pour toujours, à s'engager sur la même voie, à viser les mêmes objectifs, à partager les mêmes intérêts et à subir comme une éternité leurs rares moments de séparation. Même si tout cela était possible, il me semble que ce serait terriblement ennuyeux.

Il est normal de chercher l'intimité, de vouloir se sentir protégé et proche. Il n'y a problème que si nous cherchons un rapport absolument exclusif. Ceux dont l'amour ne porte que sur une seule personne ont en général de la difficulté à exprimer leurs émotions.

Il ne devrait y avoir rien de menaçant dans le fait que la personne que nous aimons soit capable d'aimer quelqu'un d'autre. Nous devrions remercier le ciel que cette personne ait d'autres intérêts que nous, qu'elle soit autonome et autosuffisante.

Nous sommes parfaitement capable d'aimer plus d'une personne à la fois sans diluer ce que nous avons à donner. À vrai dire, plus nous avons d'expérience amoureuse, plus nous savons être généreux dans nos rapports profonds et intimes. La qualité de l'amour n'est pas amoindrie par le partage; tout au contraire, elle s'intensifie et nous fait vivre des expériences encore plus riches.

♥

Restez l'un avec l'autre, mais pas trop près l'un de l'autre.
Car les piliers du temple sont éloignés les uns des autres,
et le chêne et le cyprès ne poussent pas dans l'ombre l'un de l'autre.

KHALIL GIBRAN

Des solutions viables

Trop souvent, lorsque nous faisons face à un problème, nous cherchons la solution parfaite. Voilà une attitude qui mène à la frustration et qui risque davantage de nous rendre fou que de nous rendre efficace.

Pourtant, un problème a autant de solutions qu'un esprit inventif peut en trouver. Disons par exemple que Jean a promis à Marie de lui téléphoner à trois heures précises. Dès deux heures, Marie attend l'appel. À trois heures, elle est inquiète. À trois heures trente, elle est malheureuse. À quatre heures, elle est en colère. À cinq heures, elle est furieuse et en larmes. À six heures, elle envisage le meurtre ou le suicide. Elle est désemparée et son esprit tourne à vide.

Étrangement, aucune solution ne lui vient à l'esprit. Elle pourrait téléphoner à Jean. Mieux encore, elle pourrait téléphoner à Pierre. Elle pourrait appeler une copine et lui proposer le cinéma. Elle pourrait commander une pizza et la manger avec des amis. Elle pourrait écrire un poème ou une lettre de bêtises pour se calmer les nerfs. Elle pourrait distribuer des marguerites à ses voisins. Elle pourrait rendre visite à un ami hospitalisé. Ce que je veux dire est simple: il y a toujours plus d'une solution à un problème.

Trop souvent, j'ai vu des gens se laisser anéantir par un problème qu'ils n'avaient tout bonnement pas pris le temps d'envisager d'un autre point de vue. Il ne faut pourtant rien d'autre que la dignité nécessaire pour se prendre en main et gérer sa propre vie. Heureusement, nous avons le choix. L'être humain le plus équilibré est celui qui peut trouver le maximum de solutions viables aux conflits qu'il doit résoudre.

♥

Ce n'est pas qu'ils ne voient pas la solution,
c'est qu'ils ne voient pas le problème.

G. K. Chesterton

La vie vécue pour demain
reste toujours à la veille
de sa réalisation.

Bien s'entendre

Lorsqu'une expression est trop souvent utilisée, elle est vite perçue comme une platitude sans intérêt. Il en est ainsi du conseil pourtant précieux que voici: «Faites aux autres ce que vous aimeriez que les autres vous fassent.» Si ce conseil vous laisse froid, parlons plutôt de simple politesse, d'altruisme, d'empathie ou d'amour. Quelle que soit la façon de le dire, il reste qu'il s'agit là du fondement même de toute relation humaine harmonieuse. Lorsque nous traitons les autres comme nous aimerions être traité, nous créons les bases d'une vie commune paisible. Sur ces fondations solides peuvent ensuite venir s'échafauder la coopération, l'adaptation, le partage, le compromis. Nous acceptons alors de renoncer à nos petits caprices au nom du bien commun, de remettre à plus tard la gratification immédiate de nos désirs au profit d'objectifs à plus long terme.

Nous nous demandons pourquoi il y a tant de conflits, de mensonge et de peur dans le monde, et pourtant nous négligeons de considérer notre propre comportement pour y trouver au moins une partie de la réponse. Si notre préoccupation majeure est: «Qu'est-ce que je peux en tirer?» il faudra peut-être commencer à nous poser une question plus essentielle: «Qu'est-ce que je peux faire pour les autres?»

Si nous parvenons à comprendre que toutes les personnes dont nous croisons la route luttent pour l'amour et la survie et méritent tout l'appui que nous pouvons leur apporter, nous ferons notre part, si petite soit-elle, pour soulager la détresse du monde.

♥

Deux choses ne cessent de m'émerveiller:
le ciel étoilé au-dessus de ma tête et la loi morale qui régit mon âme.

EMMANUEL KANT

On reçoit ce qu'on donne et on trouve ce qu'on cherche

Triste mais vrai, nous vivons dans un monde peuplé d'êtres cyniques. Voilà des gens d'une vigilance extrême, sans cesse à l'affût de la malhonnêteté et du mensonge qui, selon eux, sont partout. Les gestes de bonté et d'amour leur paraissent suspects, car ils les soupçonnent toujours d'avoir été motivés par des arrière-pensées.

Nombre d'entre nous ont malheureusement cédé à la tentation de se fabriquer une carapace. Si quelqu'un nous offre une rose pour ensuite nous demander de faire un don, nous en gardons un goût amer et risquons de nous méfier par la suite de quiconque nous offre une fleur.

Un amant qui a fait confiance et s'est montré vulnérable dans un rapport amoureux peut découvrir un jour qu'il a été trahi. Lorsqu'il aura pansé ses blessures et tentera de nouveau de faire confiance à l'amour, il sera sans doute sur ses gardes. Il sera devenu un «cynique sain»: moins ouvert, moins confiant, moins vulnérable, mais aussi moins capable de vivre un rapport amoureux sain et équilibré.

Il me semble plus facile de devenir cynique que de s'élever au-dessus des déceptions et des blessures. Il faut vouloir faire confiance de nouveau et chercher à trouver mieux que ce qui nous a été donné. Les grands cyniques qui se croient doués d'une vision perçante souffrent en réalité d'un certain aveuglement. Pour trouver l'amour, il faut chercher ce qu'il y a de mieux chez l'autre, même au prix d'un optimisme naïf.

♥

Il n'y a ni formule magique ni recette.
On apprend à aimer en aimant.

ALDOUS HUXLEY

Le compliment amoureux

Mark Twain disait qu'il pouvait tenir deux mois sur un compliment joliment tourné. Le plus beau compliment amoureux que j'aie jamais entendu a été fait par Joseph Choate, ambassadeur des États-Unis en Grande-Bretagne. À quelqu'un qui lui demandait en qui il aimerait se réincarner après sa mort, il a répliqué sans une seconde d'hésitation: «Le second mari de madame Choate.»

Nous sommes tous avides d'appréciation, et voulons tous recevoir le compliment suprême: celui qui nous confirmera que nous sommes aimé. Nous avons besoin que les autres reconnaissent nos qualités et qu'ils nous soutiennent quand nous trébuchons. Un compliment honnête est une chose toute simple qui ne coûte rien, mais qui peut prendre une valeur inestimable.

♥

Les applaudissements d'un seul être humain
sont d'une grande conséquence.

Samuel Johnson

Il n'est jamais trop tard pour aimer

Une fois l'adolescence passée, vieillir n'est plus envisagé avec beaucoup d'enthousiasme. Peut-être notre façon de concevoir le vieillissement contribue-t-elle à nos appréhensions. J'ai le sentiment que nous craignons non pas tant la vieillesse ou la mort que la solitude et le manque d'affection. Nous redoutons le jour où les êtres que nous aimons cesseront de faire des plans avec nous et en feront pour nous. Ce n'est pas la perte de cheveux, les rides ou le rythme plus lent qui nous font peur, mais bien la perte de l'amour.

Mais la vieillesse n'est pas obligatoirement le lieu où nous ressasserons notre collection d'amours anciennes au terme d'une vie bien remplie. Nous restons des êtres aimants, animés des mêmes besoins en dépit des apparences. Nous aurons encore besoin d'aimer et d'être aimés jusqu'au jour de notre mort.

♥

Tant qu'il est possible d'admirer et d'aimer, nous restons jeune à jamais.

Pablo Casals

Faire mal à ceux qu'on aime

Quel paradoxe: en amour, c'est souvent à ceux que nous aimons le plus que nous faisons le plus mal. Nous les reprenons sans cesse, contestons leurs décisions, mettons en doute leurs certitudes. Nous avons pour eux des exigences que nous n'avons pas pour nous-même. C'est très bien de vouloir que ceux qu'on aime réussissent dans la vie, mais nous n'arriverons à rien en les critiquant sans cesse.

Il y a quelques années, nous avons analysé sur vidéo le travail d'une enseignante dans sa classe. Nous avons constaté, à sa grande surprise, qu'en dépit de l'intérêt sincère qu'elle portait à ses élèves son comportement à leur égard était presque entièrement négatif: liste interminable d'interdictions, corrections en gros traits rouges dans les devoirs, et commentaires ayant pour but principal de signaler aux enfants leurs défauts ou leurs faiblesses.

La critique est un art subtil qui exige beaucoup de tact. Elle peut être constructive, mais elle peut aussi détruire. La prochaine fois que nous aurons envie de dire: «Ton problème c'est que...», tournons-nous la langue sept fois dans la bouche et demandons-nous pourquoi faire cette remarque. Y a-t-il vraiment lieu de faire cette observation ou vaudrait-il mieux se taire? À quoi bon exprimer son point de vue s'il faut humilier l'autre ou perdre un amoureux?

♥

L'amour allume davantage d'incendies que la haine n'en éteint.

ELLA WHEELER WILCOX

L'amour et l'enthousiasme

Les adultes envient les enfants, qui leur semblent si naturellement curieux et débordants d'enthousiasme. La plupart d'entre nous gardons un bon souvenir de notre enfance. Comment oublier les heures entières passées dans l'herbe, à observer un insecte ou la forme d'un nuage? Nous n'avions pas besoin d'être diverti quand tant de choses autour de nous piquaient notre curiosité et suscitaient notre enthousiasme.

En vieillissant, la vie a cessé de nous impressionner. Que d'adultes traînent leurs savates dans la vie sans rien trouver qui les stimule!

J'aimerais rappeler qu'il n'est pas nécessaire de retomber en enfance pour retrouver le goût de vivre. Il suffit de renouer avec cette parcelle de nous-même qui trouve sa joie dans l'ordinaire de chaque instant. Peut-être est-elle profondément enfouie sous une épaisse croûte de pessimisme, mais croyez-moi, elle est encore là, bien vivante au fond de nous.

♥

Je m'intéresse passionnément à la vie. J'aime son aspect changeant, sa couleur, son mouvement. Pouvoir parler, regarder, entendre, marcher, écouter de la musique, voir des tableaux... tout cela tient du miracle.

Arthur Rubinstein

Le savoir jaillit de l'ignorance;
réjouissons-nous donc
de tout ce que nous ne savons pas.

Le succès naît du besoin

« Quand on veut, on peut» dit l'adage. Autrement dit, on peut obtenir tout ce qu'on veut à condition de le désirer assez puissamment. Si vous êtes seul, vous pouvez faire quelque chose pour vous en sortir. Si vos amours vont mal, vous pouvez prendre des mesures pour résoudre les conflits. Nous avons le pouvoir de changer les choses, mais il faut la volonté. La solution jaillit peut-être du besoin, mais elle n'est pas le produit de la génération spontanée. La solution vient du profond désir de faire quelque chose.

Je reçois des lettres fiévreuses d'amants incapables d'établir des rapports amoureux durables. Pour trouver des solutions, ils s'adressent à moi, aux courriers du cœur, à des thérapeutes ou à des gens du culte, mais ils ne font rien. Ils se défilent en disant qu'ils sont incapables de prendre une décision, qu'ils n'en peuvent plus, sont au bout du rouleau, dans le noir, dans l'impasse, démunis, désespérés — autant de phrases qui confirment leur sentiment d'impuissance. En réalité, il leur manque la détermination réelle de s'en sortir. Tout en admettant qu'il faut faire quelque chose, ils refusent l'adaptation, le compromis et les sacrifices nécessaires pour atteindre leur but.

L'amour est toujours à notre portée. La question est de savoir si nous le voulons assez puissamment pour accepter le travail d'introspection qui nous y donnera accès ou si nous nous racontons des histoires.

♥

On peut obtenir tout ce qu'on veut... si on le veut vraiment.
Vous pouvez devenir qui vous voulez, avoir tout ce que
vous convoitez, réaliser tous vos projets... si vous poursuivez
ce désir avec assez de fermeté.

ROBERT COLLIER

La raillerie

Rien n'est plus destructeur ni plus humiliant que la petite raillerie ordinaire. On nous en adresse si souvent que nous nous y sommes habitué et ne voyons plus à quel point elle peut être dévastatrice à la longue.

L'amour n'humilie pas, il met en valeur. L'amour ne mine pas l'estime de soi, il la soutient. Et pourtant, il existe un nombre étonnant de gens qui, tout en prétendant aimer, continuent d'humilier les autres. Je n'oublierai jamais cette femme qui essuyait régulièrement les sarcasmes de son mari et qui lui avait dit: «Mais si j'ai si peu de valeur, pourquoi m'as-tu épousée?» Bonne question.

La raillerie, lorsqu'elle a pour but d'amener quelqu'un à améliorer son comportement, n'a en général que l'effet contraire. Il y a tant de moyens d'amener une personne à agir autrement. Pourquoi recourir à celui qui blesse et qui a le pouvoir de détruire?

♥

Ceux qui n'ont pas de tact manquent rarement de mots.

HOWARD W. NEWTON

L'amour n'a cure des étiquettes

Emerson, en parlant d'une mauvaise herbe, disait: «C'est une plante dont les vertus n'ont pas encore été découvertes.» Combien de personnes avons-nous ainsi reléguées au rang de mauvaise herbe quand, pour une obscure raison, elles nous semblaient indignes de notre amour ou de notre attention? Certes, nous choisissons avec soin les gens avec lesquels nous entrons en relation, mais il me semble que notre monde serait plus intéressant et moins contraignant si nous remettions parfois en question les étiquettes en vertu desquelles nous tenons les autres à distance. Nous verrions peut-être alors que notre classification se fonde sur des données périmées qui repassent sans cesse dans notre tête comme un vieux disque accroché.

En étiquetant les gens pour les faire entrer dans de petites catégories commodes, nous les réduisons à peu de chose et allons même jusqu'à les exclure sans raison valable. Nous invoquons l'âge, le sexe, la position sociale, la richesse, la couleur de la peau, la religion, la nationalité... pour mettre une distance entre nous et ceux qui sont différents de nous. Voilà qui nous épargne la tâche de penser par nous-même et d'évaluer chacun pour ce qu'il est. La plupart des gens méritent sans doute plus d'estime que nous leur en accordons. Qui sait? Au lieu de mauvaises herbes, peut-être avons-nous affaire à des fleurs que nous n'avions pas pris le temps de voir et d'apprécier.

♥

L'esprit du bigot ressemble à la pupille de l'œil;
plus on l'éclaire, plus il se contracte.

OLIVER WENDELL HOLMES, JR

L'amour est une fontaine de Jouvence

L'amour n'a rien à voir avec l'âge. Vieillir ne vient pas d'avoir vécu un certain nombre d'années, c'est une activité de l'esprit, une question d'attitude. Nous sommes vieux quand nous renonçons au plaisir. Nous sommes vieux quand nous abandonnons notre idéal, notre dignité, notre espoir, notre foi dans les miracles. La vieillesse nous prend quand le jeu de la vie cesse de nous amuser, quand le nouveau ne nous excite plus et que les rêves ne nous stimulent plus. Tant que nous nous réjouirons de la richesse du monde et du rire dans la voix de l'amour et tant que nous aurons confiance en nous-même, l'âge n'aura aucune prise sur nous.

L'amour est en soi la fontaine de Jouvence. Tant que nous aimons, nous restons jeune. La mort n'est plus alors que la dernière étape de la vie. N'oublions pas que nous sommes des visiteurs de passage sur cette terre. Vivre un peu moins d'un siècle, c'est peu de chose, mais c'est assez pour savoir qu'il y a l'amour, et rien d'autre.

♥

Je vous souhaite la grâce de vivre tous les jours de votre vie.

JONATHAN SWIFT

Nécessaire anxiété

Nous en sommes venus à croire que l'anxiété doit être évitée à tout prix, car elle nous empêche de mener une vie constructive et utile.

En fait, l'anxiété a une valeur positive, pourvu qu'elle ne dépasse pas certaines bornes. Dans le monde complexe qui est le nôtre, l'anxiété est devenue inévitable, mais en se manifestant sous la forme d'un malaise, d'une appréhension ou d'une inquiétude, elle nous signale les problèmes imminents et nous met en alerte avant leur apparition. Une saine anxiété précède la plupart de nos actes, sauf peut-être nos gestes les plus simples. Comme la douleur physique, l'anxiété agit comme un signal d'alarme et permet l'action positive. Il n'y a problème que si l'anxiété prend des proportions telles qu'elle domine la raison. Mais si nous la percevons comme un état normal, elle peut devenir la première étape de tout mouvement de survie et de croissance psychique.

♥

Les problèmes ne sont que des occasions en bleus de travail.

HENRY J. KAISER

Une leçon d'amour de tante C. et oncle L.

Quand j'étais enfant, on m'a raconté souvent l'histoire des fréquentations d'oncle L. et de tante C. L'année avant leur mariage, ils ne s'étaient encore jamais vus et s'échangeaient des lettres d'un continent à l'autre. Lui vivait en Amérique depuis déjà quelques années; elle avait passé toute sa vie dans un petit village du nord de l'Italie. Mon oncle l'avait connue par son frère, immigré depuis peu en Amérique, et il s'était mis à correspondre avec elle. Après quelques lettres et l'envoi d'une photo, il avait fait sa demande en mariage et tous deux s'étaient mis à rêver de bâtir ensemble une vie meilleure.

C'est ainsi qu'est née une grande histoire d'amour qui a duré cinquante-cinq ans. Maman racontait leur première rencontre, et comme tout le monde était nerveux, tendu et inquiet. J'essayais d'imaginer ces deux étrangers sortant ensemble d'une gare pour s'engager dans la vie commune. Deux êtres qui n'avaient pas eu l'occasion de tomber amoureux au sens où nous l'entendons aujourd'hui, qui n'avaient pas ressenti les émois du premier amour, pas de faiblesse dans les genoux, pas de perte d'appétit, pas de sentiment d'être emporté vers le septième ciel.

Il n'y avait pour eux que la volonté d'apporter au mariage ce que chacun avait à donner et de faire en sorte que tout aille pour le mieux. Au lieu d'attentes impossibles, il y avait l'espoir qu'au bout d'un certain temps, et après quelques aménagements, ils apprendraient à s'aimer — espoir qui s'est pleinement réalisé.

♥

L'amour ne reste pas là, planté comme un piquet.
Il faut le travailler comme le pain; le refaire sans cesse, le renouveler.

Ursula K. LeGuin

Vive la différence!

Trouvez la personne qui vous aimera pour vos différences plutôt qu'en dépit d'elles, et vous aurez trouvé la personne qui vous aimera pour la vie.

Heureusement, nous sommes des êtres très semblables à bien des égards, mais aussi très différents. Ce sont ces différences qui nous distinguent, font de nous qui nous sommes et déterminent la direction que prendra notre évolution. Être normal ne veut pas dire renoncer à son originalité pour devenir identique aux autres. C'est au contraire s'enorgueillir des facettes de notre personnalité qui nous distinguent. Du reste, c'est cet aspect de nous-même qui attire les autres et constitue le don le plus précieux que nous puissions leur faire.

♥

Si nous traitons les gens pour ce qu'ils sont, ils resteront ce qu'ils sont.
Mais si nous les traitons pour ce qu'ils pourraient devenir,
ils deviendront meilleurs et prendront toute leur dimension.

G. T. Smith

La vie est notre possession
la plus précieuse,
et l'amour sa plus belle
affirmation.

L'amour et l'enrichissement culturel

Les arts ont pour but principal d'enrichir notre vie, de nous aider à voir au-delà de l'ordinaire. Ils nous font découvrir de nouvelles perspectives et nous révèlent les secrets de l'âme humaine.

La vie n'est pas toujours drôle. Il y a des jours où nous n'arrivons plus à nous hisser au-dessus de la banalité de notre existence, des jours où nous oublions que la vie ne tient pas à l'expérience limitée que nous en donnent nos sens. Il faut alors nous rappeler qu'en élargissant notre panorama et en partageant de nouveaux horizons avec les êtres qui nous sont chers nous resserrerons les liens qui nous unissent à eux.

Admirer un coucher de soleil ensemble, voir s'allonger les ombres à la tombée de la nuit, voilà des expériences qui renouvellent immanquablement. S'émerveiller devant un vol d'outardes ou suivre le patient cheminement d'un escargot sont de mystérieux enrichissements. La musique aussi peut traverser les barrières verbales derrière lesquelles nous nous retranchons et nous faire atteindre les profondeurs de la conscience non verbale.

La musique de Mozart colore l'univers en petites touches délicates. Wagner nous ensorcelle, Vivaldi nous purifie. Les immenses toiles colorées de Rothko, les perspectives audacieuses de Van Gogh ou l'univers doré du Tintoret jettent des ponts entre nous et ceux que nous aimons.

Quelle catastrophe ce serait si le génie de ces artistes devait cesser d'être le moyen de nous unir plus intimement à ceux que nous aimons alors que leurs œuvres sont là, à notre portée, ne demandant qu'à être partagées.

♥

Il ne sera jamais vieux celui qui garde la capacité de voir la beauté.

FRANZ KAFKA

Vous seulement, et ça suffit

Il faut éviter le piège de croire que personne ne nous aimera parce que nous sommes trop ceci ou pas assez cela. Nous sommes très bien tel quel. La diversité est le sel de la vie. Il y a dans le monde des tas de gens, par exemple, qui aiment les grands, les petits, les brunettes, les blondes, les minces, les gros, les introvertis, les verbomoteurs, etc. Moins nous nous excuserons d'être ce que nous sommes, plus nous aurons de chances d'être aimé pour longtemps. Avec un peu de patience, on trouve la personne qui saura nous aimer. S'ouvre alors devant nous une vie entière libre de tromperie et d'artifice et la possibilité d'être nous-même sans entrave.

♥

L'évolution n'apporte le bonheur que si elle se fait dans un mouvement ascendant. L'homme heureux est donc celui qui, sans chercher le bonheur, trouve inévitablement la joie en prime après être allé de l'avant et s'être réalisé dans toute la plénitude de son être.

PIERRE TEILHARD DE CHARDIN

Rester fidèle à soi

Pour beaucoup d'entre nous, la fidélité à soi-même présente des difficultés. Nous craignons de nous couvrir de ridicule ou, pis encore, de nous exposer au rejet. Nous restons donc sur nos gardes. Nous nous créons des déguisements, nous jouons la nonchalance ou le snobisme, en souhaitant que cette façade nous protège des regards pénétrants. Nous agissons ainsi sans cesser pour autant d'espérer qu'un jour quelqu'un voie au-delà de nos artifices. Curieusement, l'aspect de nous que nous cherchons tant à dissimuler est justement celui que les autres recherchent. Notre moi authentique est bien plus intéressant que tous les personnages que nous nous inventons. La vraie mesure de l'amour qu'on nous porte se révèle à notre capacité de nous montrer tel que nous sommes. Ce que nous perdons alors en image, nous le gagnons au centuple en confiance et en respect.

Je me souviens d'un romancier qui décrivait un de ses personnages en disant: «Ce n'est pas tant un être humain qu'une guerre civile.» Ceux d'entre nous qui ont dû subir la lutte intestine entre leur être authentique et l'être qu'ils se croyaient obligés d'être pour être aimés s'identifieront sans peine à ce personnage.

Pour connaître l'amour, il faut apprendre à se révéler aux personnes que nous tenons à distance ou contre qui nous avons vigoureusement tenté de nous protéger. Car, tout compte fait, il n'y a rien à cacher.

♥

Ah! l'énergie miraculeuse qui circule entre deux êtres qui s'aiment assez pour aller au-delà des apparences et des jeux, qui courent le risque de s'ouvrir, d'écouter, de répondre avec tout leur cœur! Tout ce qu'il devient alors possible de faire l'un pour l'autre!

Alex Noble

La patience

La nature nous offre une infinie variété de plantes qui fascinent et réjouissent le regard. Il ne nous viendrait pas à l'esprit de les juger. Nous ne les harcelons pas pour qu'elles fassent apparaître un nouveau bourgeon ou une feuille quand bon nous semble. Nous ne les comparons pas non plus aux autres plantes du même jardin qui nous paraissent se porter mieux. Nous les laissons faire ce qui leur vient naturellement: pousser et fleurir à leur propre rythme.

Il me semble que les personnes que nous aimons devraient faire l'objet de la même considération, d'autant plus que nous n'avons aucune idée des luttes intérieures qu'elles ont à mener. Même si notre intention est bonne, notre impatience à les voir «grandir» ou «devenir raisonnables» donne à croire qu'il s'agit là de choses faciles. Nous partons du principe que l'autre peut et doit changer à notre demande et pour nous faire plaisir.

Certaines de mes plantes les plus vigoureuses ont survécu parce que j'ai compris il y a longtemps que, pour les voir s'épanouir, il faut les laisser vivre conformément à leur nature. Souvent, j'ai abandonné l'espoir après avoir longtemps patienté et leur avoir donné des soins attentifs. Puis un jour, quand elles étaient prêtes, elles s'épanouissaient sous mes yeux incrédules. Elles avaient attendu leur heure, tout simplement.

Parfois, le plus grand service que nous puissions rendre à ceux que nous aimons est de rester là, en silence, et d'attendre dans la patience, l'espoir et la compréhension.

♥

La patience est la clé du succès.
Pour obtenir le poussin, il faut couver l'œuf... pas le casser.

ARNOLD GLASOW

L'amour libère

Pour plusieurs, l'engagement amoureux représente une perte de liberté. C'est parfois vrai, mais pas toujours; tout dépend de la façon d'envisager la liberté.

L'amour accorde certaines libertés: la liberté de se fâcher à l'occasion et même d'exploser sans crainte de conséquences irrémédiables; la liberté de ne pas être parfait, et même de se couvrir de ridicule sans crainte de perdre le respect; la liberté d'évoluer et de s'épanouir, mais aussi de trébucher ou d'échouer sans craindre l'abandon. Ces libertés, comme bien d'autres, ne sont pas toujours appréciées à leur juste valeur. Mais, contrairement à bien d'autres, elles méritent davantage que d'être rappelées à l'occasion d'une fête annuelle: elles doivent être préservées chaque jour.

Un amour qui étouffe n'est pas un véritable amour. L'amour n'est authentique que s'il libère.

♥

La liberté n'est rien d'autre qu'une occasion de devenir meilleur.

ALBERT CAMUS

Les amants font plus
qu'espérer un avenir meilleur,
ils le bâtissent.

Rendre grâce

Quand j'étais à l'école primaire, j'avais une enseignante un peu fêlée. Tous les vendredis, avant la cloche, elle nous demandait de nommer à tour de rôle une chose pour laquelle nous étions reconnaissants. Il fallait se pincer pour ne pas éclater de rire lorsque, les uns après les autres, nous nous levions pour proclamer: «Je suis reconnaissant pour mon vélo», «je suis reconnaissante pour ma poupée qui marche», et ainsi de suite.

Quand arrivait le tour de l'enseignante, elle fermait les yeux et disait d'un ton solennel: «Je suis reconnaissante d'avoir mes yeux pour voir, je suis reconnaissante d'avoir mes oreilles pour entendre, je suis reconnaissante d'avoir mes jambes pour marcher, mon esprit pour penser, mes doigts pour toucher.» À l'époque, nous étions tous d'accord pour dire que Mlle S. avait perdu la boule. Mais aujourd'hui que je suis plus vieux et un peu plus usé, je me lève tous les matins en me réjouissant d'avoir encore la vue et l'ouïe, d'avoir encore l'esprit intact et d'être encore capable de marcher avec plaisir pendant des kilomètres. Non seulement je suis reconnaissant de ces petits miracles, mais je ne rate aucune occasion de l'exprimer. Je pense que j'ai enfin compris ce que voulait dire mon professeur.

Il y a des années, j'ai eu un maître bouddhiste en Thaïlande qui nous rappelait régulièrement la nécessité de rendre grâce. Il disait: «Levons-nous et rendons grâce, car si nous n'avons pas appris beaucoup aujourd'hui, nous avons quand même appris quelque chose. Et si nous n'avons rien appris, au moins nous ne sommes pas tombés malades. Et si nous sommes tombés malades, nous ne sommes pas morts, alors soyons tous reconnaissants et rendons grâce.»

♥

L'endettement n'est pas une vertu; mais le remboursement peut l'être. La vertu commence lorsque nous nous consacrons activement à la tâche de la gratitude.

RUTH BENEDICT

Analyser l'amour

Je me demande pourquoi il nous semble si important aujourd'hui de tout analyser. Quelqu'un nous dit: «Je t'aime», et nous nous sentons obligé de questionner le sens de cette phrase. Qu'est-ce que cette personne veut dire et qu'est-ce qu'elle ressent vraiment? Nous passons des heures à disséquer les motifs pour lesquels «x» a dit ceci ou fait cela, et nous plaçons sous le microscope des choses qu'il faudrait savoir tout simplement accepter.

Il est vrai que plus nous connaissons quelqu'un, plus nous pouvons le comprendre. Mais nous ne saurons jamais tout, et c'est très bien ainsi. Il y a quelque chose de magique dans le fait qu'au bout d'une vie entière de vie commune les sentiments, les pensées et les gestes les plus profonds soient encore incompréhensibles.

Ce qu'il faut savoir sur l'amour n'a rien de bien mystérieux. Nous savons reconnaître un comportement aimant; il faut y réagir et cesser de le questionner. Trop analyser mène à la confusion et n'apporte pas nécessairement une plus grande compréhension. Absorbé par nos activités de classement, de séparation et d'examen, nous en venons à oublier que l'amour est facile. C'est nous qui compliquons les choses.

♥

Un homme vit de croire en quelque chose,
non de débattre et de délibérer sur une multitude de choses.

THOMAS CARLYLE

Exprimer ses besoins

Personne n'est destiné à souffrir seul. Et pourtant, certains d'entre nous souffrent en silence pendant des années au lieu de demander l'aide dont ils ont si cruellement besoin. Nous croyons que les autres devraient deviner notre peine, même si nous n'en parlons jamais.

C'est la force émotionnelle, et non la faiblesse, qui pousse à demander de l'aide. Il faut apprendre à surmonter la peur du rejet ou du ridicule, ou les autres motifs qui nous font dissimuler notre douleur, sans quoi nous ne pourrons jamais recevoir le soutien dont nous avons besoin.

En demandant de l'aide, nous faisons à l'autre un compliment. Nous laissons entendre à l'autre que nous lui faisons confiance et croyons qu'il pourra nous aider dans notre détresse. Nous n'attendons pas de l'autre qu'il trouve des solutions à notre place. Nous demandons sa présence et un soutien temporaire pendant que nous nous occupons de trouver nos propres solutions.

Savoir dire «j'ai besoin de toi» est une belle façon d'exprimer son amour.

♥

J'estime que l'humilité est la marque première d'un grand homme.

JOHN RUSKIN

Apprendre la patience

La patience n'est pas une vertu hautement prisée dans notre culture. Il arrive même que la patience nous impatiente. Nous voulons des interventions et des réponses immédiates. Nous voulons transformer notre vie maintenant. Nous voulons la célébrité maintenant. Nous avons tendance à oublier que, pour trouver les bonnes réponses et opérer des changements durables, il faut du temps. L'analyse, l'examen attentif et la délibération patiente sont des activités qui prennent du temps.

Il en est de même pour l'amour. Nous voulons l'amoureux parfait et la relation idéale, et nous les voulons maintenant. Si la relation à laquelle nous rêvons ne se manifeste pas instantanément, nous fonçons vers la sortie en oubliant que le temps, l'endurance et la constance sont nécessaires à l'élaboration d'un rapport amoureux. La patience suppose la capacité de souffrir, d'attendre et de persévérer lorsque tout va mal. Sa récompense est un engagement renouvelé et la patience rendue au centuple. La patience est l'ingrédient essentiel des amours durables.

♥

Tout ce qui a de la valeur vaut la peine d'attendre.

ANONYME

Nos idées et nos convictions nous façonnent

Une femme que je connais depuis longtemps vit sans cesse au bord de l'effondrement. Elle est convaincue que le monde est un lieu cruel et sans pitié, et que la tragédie s'abattra sur elle dès le moment où elle baissera la garde.

Si elle organise un pique-nique, elle est certaine qu'il pleuvra; si le téléphone sonne, c'est que quelqu'un veut lui apprendre une nouvelle terrible; un télégramme ne peut annoncer qu'un décès. Les gens, vous dira-t-elle à tout moment, sont ignorants, ou hypocrites, ou perfides, ou tout cela à la fois. Bien sûr, elle me considère, moi l'éternel optimiste, comme un être naïf, stupide et indigne d'être pris au sérieux.

Et comme une prophétie s'autoréalise, sa vision lugubre de la vie, sa piètre opinion des gens et sa crainte du malheur sont trop souvent confirmées. Je ne pense pas qu'elle pourrait survivre s'il en était autrement.

L'amour n'est pas stupide. Il reconnaît l'existence du côté sombre de la vie. Mais, pour sa propre survie, il ne fait pas du négatif son lieu de résidence.

♥

Si vous dites sans cesse que tout ira mal,
vous avez des chances de devenir prophète.

ISAAC SINGER

Les petites choses qui tuent l'amour

Ce sont rarement les catastrophes qui empêchent l'amour de se développer. Ce sont plutôt les petites choses apparemment insignifiantes qui lui font le plus de tort. Elle presse le tube de dentifrice au milieu, il préfère le presser au bout. C'est une source d'irritation, mais personne n'y voit une menace à l'amour.

Il jette ses vêtements sur une chaise quand il rentre du travail, elle préfère les suspendre dans la penderie pour que tout soit en ordre. Elle aime la routine, sortir certains soirs de la semaine, recevoir les week-ends seulement; il préfère la spontanéité, sortir quand le cœur lui en dit, inviter des amis les soirs de semaine. Il aime prendre ses vacances tous les ans au même endroit, elle préfère le changement, recherche la nouveauté et l'aventure.

Rien de tout cela ne pourrait justifier la rupture d'un couple, mais ces petites choses risquent de prendre peu à peu des proportions telles qu'elles deviendront insurmontables.

Curieusement, deux personnes prêtes à s'unir pour faire face aux pires catastrophes se laisseront anéantir par une insignifiance qu'ils ont laissé suppurer.

Il ne faut pas hésiter à faire un ménage périodique dans les petites sources d'irritation. En parlant de ces petits détails qui nous énervent, nous éviterons de les voir se transformer en monstres dévoreurs capables de tuer notre amour.

♥

Nous sommes prêt à céder beaucoup dans les grandes choses,
mais ce sont les petits sacrifices qui nous coûtent souvent le plus.

JOHANN WOLFGANG VON GOETHE

La solitude, source d'amour

Il ne faut pas oublier que, peu importe le nombre de personnes qui nous entourent, nous aiment et se préoccupent de notre bien-être, au fond, nous restons seul. Personne, si attentif soit-il, ne peut véritablement nous comprendre, connaître nos peurs, nos espoirs et nos rêves les plus intimes. Nous sommes étranger à nous-même, et nombreux sont ceux qui consacrent leur vie entière à essayer de comprendre qui ils sont.

Ce sentiment d'étrangeté peut nous être une source de grande solitude, mais il peut aussi se révéler un moyen d'affronter nos peurs et de découvrir qui nous sommes. Pour se connaître vraiment, il faut accepter de fouiller les replis les plus intimes de son être. Les autres n'auront accès à nous que le jour où nous prendrons le risque de nous révéler. La tâche est ardue, longue et angoissante.

En acceptant notre solitude, nous commencerons à entrevoir la valeur réelle de l'amour et verrons pourquoi il est impossible de s'en passer.

♥

La solitude et le sentiment de ne pas être désiré
sont la plus terrible des pauvretés.

Mère Teresa

L'amour a mauvaise réputation d'avoir été longtemps laissé entre les mains d'amateurs.

L'adaptation en amour

L'adaptation, affirme l'un des postulats fondamentaux de la science, est la clé de la survie. Ce principe est tout aussi valable dans le domaine de l'amour car nous sommes souvent appelé à subordonner nos désirs immédiats aux besoins de ceux que nous aimons. Leur bien-être et leur bonheur doivent nous être aussi importants que les nôtres, et parfois davantage.

Une personne incapable de s'adapter ou de modifier son comportement verra souvent le compromis comme une forme de faiblesse psychologique ou, au mieux, comme un mal nécessaire. C'est mal comprendre la différence entre céder sous la pression et céder volontairement. Céder: voilà une forme d'abandon qui a toute sa place dans une relation amoureuse. Ce que nous perdons en domination, nous le gagnons au centuple sur le plan de la sécurité et de la coexistence paisible. Dans un compromis, on ne perd pas, on gagne.

♥

On peut faire beaucoup de bien dans le monde si on ne tient pas absolument à en avoir le crédit.

Devise jésuite

Choisir

Ceux qui entretiennent l'illusion qu'ils ne sont rien d'autre que des ordinateurs humains manipulés par des programmeurs invisibles ne connaîtront jamais vraiment l'amour et ne vivront jamais pleinement leur vie.

Nous entrons dans le monde unique en notre genre et sans pareil. Notre esprit, notre caractère et notre personnalité nous appartiennent en propre. Au cours de nos années de développement, il peut arriver que nous nous trouvions à la merci de gens cruels et sans scrupules qui tenteront de faire de nous des clones. Mais tant que nous saurons que nous sommes libre de choisir, nous resterons à l'abri du danger. Ce pouvoir extraordinaire qui nous est accordé de choisir au lieu d'être choisi restera nôtre pour toujours.

Il y aura toujours des gens pour nous dire que nous sommes impuissant, tout juste un pion sur un vaste échiquier. Mais nous avons le choix d'accepter ou de refuser cette façon de voir les choses.

Les exemples de réussite sont trop nombreux pour que nous cessions de croire que nous sommes libre de changer, de transformer notre credo et d'adopter de nouveaux objectifs. Nous pouvons choisir d'aimer ou de haïr, d'être heureux ou malheureux, d'être libre ou opprimé, d'être tolérant ou amer. Être libre signifie aussi prendre la responsabilité des choix que nous avons faits. À long terme, c'est nous qui sommes responsable de notre vie et de notre façon de la vivre.

♥

J'ai découvert que j'ai toujours le choix,
même si parfois ce n'est qu'un choix d'attitude.

JUDITH M. KNOWLTON

Le seul échec en amour est de blâmer les autres pour nos échecs

Nous ne sommes pas des amoureux parfaits dès la naissance, et bien peu d'entre nous échapperont au risque du ridicule. L'amour reste toujours un savoir à acquérir et à perfectionner. Nos erreurs et nos échecs, pourvu que nous soyons prêt à les accepter, peuvent devenir des catalyseurs du changement au lieu de nous faire battre en retraite.

Dès que nous plaçons le blâme de nos échecs sur quelqu'un d'autre, nous limitons nos possibilités de croissance. (Pourquoi s'améliorer puisque c'est «leur» faute?) Une telle attitude nous pénalise toujours.

Si personne ne nous aime et si nous sommes incapable d'aimer, c'est notre faute. L'échec en amour n'existe pas. Nous pouvons échouer dans nos tentatives pour aimer, nous pouvons faire échec à l'amour, mais nous n'aurons véritablement échoué en amour que si nous blâmons les autres pour nos échecs.

♥

Lorsqu'un homme blâme les autres pour ses échecs,
il y aurait sans doute lieu de créditer aussi les autres pour ses succès.

HOWARD W. NEWTON

En amour, il faut savoir conserver sa dignité sans empiéter sur celle des autres

Notre dignité est notre bien le plus précieux. Si nous la perdons, nous perdons tout. Comme nous avons tous de la valeur et sommes tous différents les uns des autres, il devient ridicule d'évaluer une personne en fonction d'une autre. Quant à évaluer les gens en fonction de leur fortune, de leur travail ou de leur mode de vie, c'est tout bonnement une insulte à l'intelligence et à la sensibilité.

Si nous sommes tous égaux aux yeux de Dieu, qui parmi nous peut s'ériger en juge? Ce triste scénario ne nous piégera cependant que si nous laissons les autres déterminer notre valeur. Tant que nous croyons en nous-même, que nous conservons notre dignité, notre fierté et notre sens de l'humour, nous serons à l'abri des intrus.

Lorsque nous rabaissons les autres pour nous faire valoir, nous donnons des signes de notre propre faiblesse. Nous méritons alors plus de compassion que de mépris, car nous trahissons notre besoin désespéré d'être aimé.

♥

Se comporter avec dignité n'est rien d'autre que laisser aux autres la liberté d'être eux-mêmes.

Sol Chaneles

C’est après
l’expérience de l’amour
que nous mesurons la perte
que représente son absence.

Cessez de questionner: aimez et vous aurez résolu l'énigme

L'amour étant un champ de connaissance extrêmement vaste et complexe, comment s'étonner qu'il nous inspire une approche prudente? Surtout si l'amour nous a blessé. Les blessures narcissiques guérissent lentement, à plus forte raison quand la défaite et l'échec nous font craindre d'être indigne d'amour. Analyser sans cesse les choses et les personnes que nous associons à l'amour nous fera perdre la capacité de juger et finira par nous paralyser. Pourquoi, qui et comment nous aimons: voilà autant de choses qui ne gagnent pas à être examinées au microscope.

Une lectrice m'a écrit un jour pour m'expliquer qu'elle avait du mal à s'abandonner à l'amour. Plus elle analysait et tentait de prévoir le cours éventuel de la relation dans laquelle elle voulait entrer, moins elle était capable de prendre une décision. «Peut-être, concluait-elle, faut-il arrêter de se questionner et aimer jusqu'aux réponses.» Peut-être, en effet.

♥

Ne pas décider est une façon de décider.

HARVEY COX

Perdre

La volonté de s'unir profondément à un autre est l'un des aspects les plus fondamentaux de l'amour. C'est un désir parfaitement naturel que de vouloir fusionner, du moins en partie, avec ceux que nous aimons. Nous estimons ne pouvoir leur apporter le bonheur qu'en apprenant à les connaître intimement, dans leur corps, leur esprit et leur âme.

Il y a toutefois un risque: celui de se perdre totalement en l'autre. Ce faisant, nous prenons une valeur moindre pour ceux qui nous aiment. Car en nous fondant complètement dans l'identité d'un autre, nous nions notre passé et tout ce qui fait que nous sommes nous. Une relation amoureuse a plus de chances de réussir lorsqu'elle rapproche volontairement deux individus distincts. Par leur respect et leur dévouement mutuels, ils créent une nouvelle entité qui n'est ni l'un ni l'autre d'entre eux, mais une partie de chacun: leur couple.

Un couple nouvellement formé est toujours fragile; ceux qui survivent vieillissent élégamment ou vieillissent tout court. La différence semble tenir à la capacité des deux êtres qui forment le couple de conserver leur intégrité personnelle tout en unissant leurs efforts afin de construire leur amour.

Il faut toujours renoncer à une partie de soi pour entrer dans un couple, mais il faut veiller à ne pas se perdre dans le processus.

♥

De nombreux témoignages confirment qu'en renonçant
à soi pour choisir l'amour on gagne immensément.

CHARLES FIELD

L'amour vous aura vaincu le jour où vous croirez l'avoir totalement compris

Ne vous laissez pas avoir. Il n'y a pas de spécialistes de l'amour. Je l'étudie moi-même depuis plus de vingt-cinq ans et j'hésite encore à lui donner une définition. Plus les années passent et plus je jongle avec ce concept, plus j'en découvre de nouvelles facettes qui me fascinent et m'empêchent de m'enliser dans mes certitudes. Ceux qui tiennent à voir le tableau complet ou le bilan définitif resteront éternellement sur leur faim. En amour, ce qui importe, ce n'est pas de trouver des réponses définitives, mais de poursuivre sa quête. Quelle tragédie ce serait d'atteindre le jour de sa mort sans avoir compris tout ce qu'il est possible de comprendre au sujet de l'amour, car je suis certain qu'à la fin notre vie ne sera définie que par notre expérience de l'amour.

Continuer de croître dans l'amour est une odyssée à la fois mystique et joyeuse, constellée de découvertes, de surprises et d'émerveillement. En fin de parcours, nous n'aurons peut-être pas trouvé toutes les réponses, mais nous aurons fait un merveilleux voyage.

♥

Le brontosaure est disparu, mais ce n'était pas sa faute.
Pour survivre, l'homme doit évoluer.

JONAS SALK

L'abnégation

Se sacrifier pour en tirer des biens matériels est un comportement dégradant et malsain. Mais, illuminée par l'amour, l'abnégation prend une dimension sacrée.

Combien de fois n'avons-nous pas entendu: «Après tout ce que j'ai fait pour toi, c'est comme ça que tu me remercies?» Ce genre de manipulation pitoyable est une insulte à toutes les conceptions de l'amour. C'est un vulgaire marchandage qui impose des conditions et oblige à rembourser en nature.

Lorsque nous renonçons à quelque chose pour un être aimé, quelle que soit l'ampleur du sacrifice, il faut le faire sans condition. Notre geste doit être volontaire et ne doit impliquer ni dette, ni demande de remboursement futur, ni culpabilité. C'est à ces conditions seulement que le sacrifice devient une saine manifestation d'amour.

♥

L'amour qui exige l'amour en retour ne reçoit comme prix de ce marché que le malheur. L'amour qui donne sans compter reçoit dans la même mesure et plus encore.

DINAH MULOCK CRAIK

L'amour fait grandir

L'amour conduit à explorer des replis de notre esprit et de notre cœur que nous n'aurions jamais découverts si ce n'était de lui. L'amour nous révèle à nous-même.

Dans l'amour, nous trouvons la sécurité qui pousse à risquer, à tenter de nouveau sa chance, à remplacer de vieilles habitudes par de nouveaux comportements. Nous nous découvrons nous-même en découvrant l'autre. Celui-ci nous ouvre à de nouvelles perspectives, nous fait reconnaître l'étroitesse du monde que nous nous sommes forgé et nous invite à découvrir de nouveaux horizons par ses yeux.

L'amour est un sol fertile. Nous pouvons l'enrichir en renonçant à nos idées toutes faites et à nos préjugés. En retour, nous nous voyons offrir un nouveau regard sur nous-même et sur le monde, et tout un univers de possibilités à découvrir. L'amour n'est pas aveugle. Sa vision est parfaite. L'amour nous fait apercevoir tout ce que nous n'avions encore jamais vu.

♥

Chez un être, avant l'expérience de l'amour et après, il y a autant de différence qu'entre une lampe éteinte et une lampe qui brûle. Avant, la lampe était là et c'était une bonne lampe. Mais maintenant, elle donne aussi de la lumière (et remplit par là sa véritable fonction).

VINCENT VAN GOGH

On ne peut donner et recevoir que l'amour que l'on connaît

En travaillant avec des enfants atteints de troubles affectifs, j'ai fait des découvertes exceptionnelles. La plupart de ces enfants n'ont connu que des formes perverties de l'amour. Comment s'étonner alors que toute manifestation d'amour les terrorise. Ils repoussent les signes d'affection et ne savent pas comment les interpréter. La tendresse les fait fuir. Pour les amener à faire confiance, il faut d'abord les rassurer pendant des mois, sinon des années.

Ce qu'ils ont appris à craindre peut finalement, avec beaucoup de temps et de compréhension, leur devenir rassurant; ce qui leur a été une source d'agitation peut maintenant leur paraître chaleureux; ce qui leur était détestable peut désormais se faire réconfortant.

L'amour que nous avons à donner dépend de l'amour que nous avons connu. Mais il y a de l'espoir. L'amour s'apprend en aimant.

♥

Le cœur esseulé n'a rien à récolter. La semence de l'amour doit être sans cesse replantée.

ANNE MORROW LINDBERGH

L'inquiétude ne prévient pas
le malheur de demain,
elle nous prive
de la joie d'aujourd'hui.

Un jour sans amour est un jour perdu

Nous avons sans cesse des occasions d'aimer, et pourtant il y a dans le monde bien peu de manifestations d'amour. Les gens meurent seuls, pleurent seuls. Les enfants sont maltraités et les vieillards finissent leurs jours sans tendresse et sans amour. Dans un monde qui a aussi manifestement besoin d'amour, il importe de mesurer tout le pouvoir d'aider et de guérir que nous donne un simple geste comme tendre une main secourable ou serrer quelqu'un dans nos bras. Thérèse d'Avila nous enjoignait à «faire chaque jour de nombreux actes d'amour car ils embrasent l'âme et la font se dissoudre».

À la fin du jour, il est bon de faire le bilan des gestes que nous avons accomplis afin que notre monde devienne un lieu meilleur et plus aimant. Si, soir après soir, rien ne nous vient à l'esprit, on pourra consacrer ce moment à trouver des moyens de rendre le monde meilleur. Il ne s'agit pas de faire des choses spectaculaires, mais d'accomplir ces petits gestes simples qui se présentent d'eux-mêmes: ce coup de téléphone que nous remettons sans cesse, le petit mot que nous n'avons pas encore écrit, la gentillesse pour laquelle nous n'avons pas dit merci. Lorsqu'il s'agit de donner de l'amour, les occasions sont illimitées, et nous sommes tous doués.

♥

L'amour n'est pas un sentiment. C'est une activité.

David Wilkerson

Craindre ses démons intérieurs

Nous restons pour la plupart dans un rayon d'un mètre de nous-même. Nous nous désintéressons de nous-même et ne cherchons pas à comprendre nos comportements. Nous ne faisons pas confiance à nos sentiments, à nos idées ou à nos rêves. Nous craignons, en nous approchant davantage, de découvrir des horreurs.

Il faut débusquer nos démons présumés pour arriver à y faire face. En dépit des philosophes et des psychologues qui prescrivent depuis des siècles: «Connais-toi toi-même», nous continuons de faire la sourde oreille et de vivre avec un inconnu. Mais comment une personne qui n'est pas responsable d'elle-même pourrait-elle se porter responsable d'une autre?

Nous ne trouverons pas le bonheur en nous dissimulant à nous-même et en demandant à d'autres étrangers, qui se dissimulent à eux-mêmes, de nous aimer.

♥

Pour accéder à la connaissance,
il faut d'abord reconnaître son ignorance.

LORD DAVID CECIL

Les émotions extrêmes déforment l'amour

Notre premier amour nous transporte généralement au septième ciel. Nous voyons nos fantasmes plutôt que la réalité et restons perplexe quand les autres ne sont pas à leur tour renversés par la beauté, l'intelligence, la chaleur humaine ou la force de l'être aimé. Nous voyons le monde à travers ces lunettes de la légende qui pouvaient transformer l'enfer en paradis. La réalité nous semble alors insoutenable.

Les émotions fortes troublent notre perception de la réalité et ont le pouvoir de nous tromper. Ces états sont en général transitoires, mais ils nuisent au jugement. Avec le temps, toutefois, nous retrouvons l'équilibre. Les passions mûrissent, l'adoration se tempère, nous mettons de l'eau dans notre vin. Non pas que nous cessions de brûler ou de nous émouvoir, mais nous retirons nos œillères et retrouvons une vision plus juste.

♥

Un homme doit avoir vu avant de pouvoir dire.

HENRY DAVID THOREAU

L'amour a une fonction plus noble que d'apporter le confort

Bien des gens se contentent d'être les témoins passifs de l'amour sous prétexte que, nés pour aimer, ils ne devraient pas avoir à faire d'effort. Dès que l'amour se complique ou devient exigeant, ils mettent les voiles, convaincus de n'avoir pas à lutter.

Personne n'a jamais dit que l'amour était facile. L'amour est une longue quête semée d'embûches, de confusion et de désespoir. Si nous visons le confort, mieux vaut se centrer sur soi-même. Nous restons alors maître de la situation, sans conflit et sans compromis. Dès que nous laissons entrer quelqu'un dans notre vie, par contre, il faut nous attendre à une certaine friction.

L'amour se dégrade lorsqu'il n'est plus qu'un coussin de sécurité, car il est toujours beaucoup plus qu'un simple moyen de satisfaire ses besoins primaires.

♥

On ne tenterait jamais rien s'il fallait d'abord surmonter toutes les objections.

Samuel Johnson

Les outils qui assurent le bon fonctionnement de l'amour

Les outils qui assurent le bon fonctionnement de l'amour ne sont pas très bien connus. Il n'y a pas lieu de se le reprocher: l'amour s'apprend par l'observation, et les modèles compétents sont fort peu nombreux. Heureusement, les outils qui peuvent faire de nous de meilleurs amants sont faciles à trouver, et il n'est jamais trop tard.

Tout est d'ailleurs assez simple. D'abord, on se demande ce qui nous rend le plus heureux. Puis on donne ces choses à la personne aimée. Voilà un point de départ tout simple et magnifique. Et comme le bonheur nous vient presque tous des mêmes choses, il y a peu de risque de se tromper.

♥

Quand on donne ce qu'on a, on est prêt à recevoir ce dont on a vraiment besoin.

Douglas M. Lawson

L'amour se nourrit de solitude

Un ami m'a expliqué que son couple était mort parce que sa compagne tenait à ce qu'ils soient toujours ensemble, nuit et jour. S'il avait le malheur de vouloir être seul, elle y voyait une menace. «J'ai besoin de temps à moi, me disait-il. Ça n'avait rien à voir avec elle, mais elle y voyait du rejet. C'était encore pire quand j'essayais de voir de vieux amis ou de faire de nouvelles connaissances. Là, je lui volais du temps. Je lui souhaite de trouver l'homme qui voudra cette relation inséparable. Ce n'était pas moi.»

C'est vrai qu'en amour nous n'en avons jamais assez de la présence de l'autre et que les moments les plus exquis sont ceux que nous vivons ensemble. Mais, quelle que soit la profondeur du sentiment qui nous lie, il faut se réserver du temps pour soi-même. Il faut se donner l'espace nécessaire pour évoluer chacun de son côté si nous voulons pouvoir grandir ensemble.

♥

Aimez-vous l'un l'autre, mais de l'amour ne faites pas des chaînes. Qu'il soit plutôt une mer se mouvant entre les rives de vos âmes. Remplissez vos coupes l'un pour l'autre, mais ne buvez pas dans une seule coupe. Donnez-vous du pain l'un à l'autre, mais ne mordez pas dans le même morceau. Chantez et dansez ensemble, et soyez joyeux, mais que chacun puisse être seul.

KHALIL GIBRAN

Établir une relation

Deux étrangers se rencontrent. Chacun a son histoire. Chacun a sa perception du monde. Chacun a ses propres moyens de faire face à la peur et aux frustrations. Chacun apporte avec lui de graves restrictions et d'immenses possibilités. Leur amour triomphera dans la mesure où chacun acceptera de s'expliquer à l'autre. Cela ne devrait pas soulever trop de difficultés puisque l'amour crée le climat chaleureux propice aux révélations. Dans la mesure où nous sommes disposé à nous révéler ainsi, nous verrons s'ouvrir devant nous la voie qui mène hors des faux-semblants et des complications.

♥

Que la communication interplanétaire se matérialise ou non, un projet encore plus grandiose s'offre à nous: le besoin pour les êtres humains de communiquer les uns avec les autres, ici et maintenant.

NORMAN COUSINS

Les amoureux se pardonnent

Si vous êtes comme moi, il vous arrive d'oublier votre propre numéro de téléphone, mais vous conservez le souvenir indélébile des erreurs que vous avez commises. La situation s'alourdit lorsque nous laissons ces souvenirs assombrir le présent, même des années plus tard.

Certains parents, par exemple, traînent toute leur vie un fardeau de culpabilité pour les erreurs qu'ils croient avoir faites dans l'éducation de leurs enfants. Il y a aussi les gens qui estiment avoir pris de mauvaises décisions au travail, dans leur vie sociale ou dans leur vie personnelle, et ne cessent depuis de battre leur coulpe.

Cette façon de se punir soi-même, souvent très cruellement, est un phénomène étrange. Peut-être sommes-nous notre juge le plus sévère et notre premier persécuteur. Nous aurons tous un jour ou l'autre besoin du pardon des autres, mais il faut aussi savoir se pardonner soi-même. Il est temps de nous libérer de la prison de culpabilité et de regrets dans laquelle nous nous sommes barricadé. L'amour n'est pas un moyen de rouvrir sans cesse de vieilles blessures. C'est un moyen de les guérir. L'amour fait aller de l'avant et progresser sur le chemin de la vie.

♥

On pardonne tant que l'on aime.

La Rochefoucauld

Pardonner devient plus facile
lorsque nous pouvons
nous identifier aux autres,
reconnaître nos propres
imperfections
et notre propre capacité
d'errer.

Vouloir changer ce qui ne peut être changé

Le sage comprend que son seul pouvoir est celui de se changer lui-même. Nous sommes libre de transformer notre vision du monde, nos modes de réaction, nos convictions et nos façons d'agir. C'est lorsque nous tentons de changer les autres que nous nous heurtons à la frustration et aux déceptions.

Si nous voulons que les autres changent, il faut placer devant eux une table bien garnie de possibilités alléchantes et les inviter à se servir en leur donnant le choix d'accepter ou de refuser, sans les juger. Toute autre façon de procéder ne conduit qu'à la catastrophe.

♥

Il est dans la nature de l'homme, lorsqu'il vieillit, de s'insurger contre le changement, surtout contre le changement pour le mieux.

JOHN STEINBECK

Formule pour aider l'amour à grandir

On dit, sans doute avec raison, qu'il existe un moyen très sûr de garder son amour vivant: trouver quelque chose de beau à dire à l'être aimé ou à faire pour lui, et répéter vingt fois.

♥

N'aimons pas en belles paroles mais en actes, et dans la sincérité.

1 JEAN 3,18

L'amour se délecte du sens de l'humour

Nous sommes devenus trop sérieux, trop tendus, trop stressés. Nous croyons que la maturité se mesure au sérieux et que la sagesse ne peut se manifester que par de sobres réflexions et des jugements longuement mûris.

J'étais à une réception un soir où la conversation passait d'un sujet morose à un autre. La maladie, la criminalité, la névrose, la crise économique, la pollution: aucun répit ne nous était accordé. Tout à coup, un vieux monsieur a grimpé sur la table en criant: «C'est le temps de s'amuser!» Tout le monde a pensé qu'il était devenu fou. Trop de gens autour de cette table avaient perdu le sens du jeu et oublié la nécessité de céder parfois à des impulsions débridées.

Nous cherchons le prévisible, la paix et l'absence de tout excès. Bien peu d'entre nous optent pour une existence passionnée, imprévisible et turbulente. Qu'est-il arrivé à l'esprit curieux et aventureux qui était autrefois le nôtre? Où est passée la capacité d'émerveillement qui dominait alors notre vie? Depuis quand les réunions entre amis sont-elles devenues l'occasion de sonner le glas? Il faut relâcher à l'occasion le corset qui nous serre, tant pour notre propre bien-être que pour celui des gens qui nous entourent et qui nous aiment. Le poids du monde est trop lourd pour être porté par une seule personne. Surtout s'il faut, pour le porter, renoncer au rire et à la gaieté.

♥

Le jour le plus inutile est celui où nous n'avons pas ri.

CHARLES FIELD

Aimer avec passion

L'amour est un état d'âme excessif. Il met à l'épreuve notre patience, notre intelligence et nos ressources. Il affine nos perceptions et amplifie notre énergie et notre vitalité. L'amour n'est pas pour les petites natures qui concèdent facilement la défaite ou sont vite désillusionnées.

Si nous sommes bien déterminé à vivre dans l'amour, il nous faudra reconnaître et accepter nos passions. C'est vrai, elles risquent de nous entraîner loin, dans des eaux troubles, mystérieuses et non balisées, mais une chose est assurée: notre vie ne sera jamais monotone.

♥

La meilleure façon de connaître Dieu est d'aimer beaucoup de choses.

VINCENT VAN GOGH

S'adapter

On a parfois l'impression que la chance ne sourit qu'aux autres. Ils gravissent sans peine les échelons qui mènent au bonheur et à la réussite, tandis que nous piétinons au bas de l'échelle. Il nous vient rarement à l'esprit que ceux qui réussissent sont ceux qui savent accepter les problèmes de la vie. C'est bon de savoir que la vie n'est pas facile, qu'une grande partie de ce qui nous arrive est inévitable et qu'on ne contrôle pas tout.

Cela ne veut pas dire que la vie consiste à supporter des malheurs. Je n'arrive pas à me convaincre que la vie soit un long pensum à subir jusqu'au bout.

Apprendre à s'adapter est une compétence, non un mode de vie. Vivre pleinement, par contre, est un mode de vie que vient compléter la capacité d'aimer avec abandon.

♥

Sachez que la difficulté est un aspect incontournable de la vie et, lorsqu'elle surgit, tenez-vous la tête haute, regardez-la bien dans les yeux et dites: «Je suis le plus fort. Tu ne viendras pas à bout de moi.»

ANN LANDERS

L'amour crée un «nous» sans détruire le «je»

Certains semblent vouloir à tout prix garder la maîtrise de leurs rapports amoureux. Avec détermination, ils cherchent des partenaires qui, au nom de l'harmonie, acceptent de se laisser dominer et renoncent à leur besoin d'autonomie pour s'engager sur la voie de la moindre résistance. Par manque de confiance en soi ou par faiblesse, on abandonne ainsi son individualité.

Malheureusement, plus on laisse les autres nous imposer leur volonté, plus on perd de vue ce qu'on est en droit d'attendre et d'exiger. La lutte pour retrouver l'autonomie peut alors se révéler très difficile, surtout si nous avons réussi à nous convaincre que la soumission est notre lot. Personne n'a reçu la vie pour ensuite devoir l'abandonner à la volonté d'un autre. Et le faire au nom de l'amour est une perversion de ce mot.

♥

Nous avons presque tous appris dès le plus jeune âge à faire plus attention aux signaux qui nous viennent des autres qu'à ceux qui nous viennent des profondeurs de nous-même. Nous apprenons à nous détourner de nos besoins et de nos désirs et à vivre en fonction des attentes des autres.

NATHANIEL BRANDON

Le problème, ce n'est pas l'amour, c'est nous

Quand j'entends quelqu'un dire, dans un soupir: «L'amour, c'est difficile», je suis tenté de demander: «Par rapport à quoi?» Les conflits qui surgissent en amour sont la plupart du temps des occasions inouïes de fournir un petit effort supplémentaire. Peut-être faudrait-il voir l'innocence dans les transgressions de l'autre, et nous montrer moins critique. Peut-être faudrait-il apprendre à nous taire pour écouter davantage avec notre cœur. Peut-être nous faudrait-il céder davantage plutôt que de marquer des points. Peut-être pourrions-nous fermer les yeux sur les faiblesses de l'autre plutôt que d'en abuser.

Personne n'a jamais dit que l'amour était facile. Mais, en dernière analyse, ce qui compte, ce ne sont pas les problèmes que l'amour nous apporte, mais ce que nous apportons à notre amour.

♥

C'est triste de ne pas être aimé, mais c'est encore plus triste de ne pas pouvoir aimer.

MIGUEL DE UNAMUNO

En ce bas monde,
il n'y a pas d'amour parfait,
il n'y a que l'amour humain.

En amour, pas de place pour la jalousie

Il ne faudrait jamais souscrire à l'idée que l'amour n'est authentique que s'il est exclusif. Bien au contraire, nous sommes tous en mesure d'aimer un grand nombre de personnes à la fois: amoureux, famille et amis. Une personne qui ne peut s'intéresser qu'à un seul être souffre de problèmes émotionnels. L'amour ne se dilue pas d'être offert librement et souvent. Tout au contraire, il s'intensifie et s'enrichit.

Vouloir qu'un être vive uniquement pour nous est une illusion égocentrique qui n'a sa place que dans l'enfance. Se faire transformer en objet, échangeable et manipulable à volonté, a quelque chose d'avilissant.

Si l'amour nous insécurise au point qu'il nous faille enfermer l'être aimé et le garder à vue, peut-être le temps est-il venu de laisser l'enfant en nous remonter à la surface et lui donner les moyens de grandir. Ce n'est ni possible ni souhaitable d'exercer un contrôle absolu sur une autre personne, et ce n'est certes pas une marque d'amour. Tout au contraire, c'est un moyen de détruire ce qu'on tente justement de protéger.

♥

L'oiseau de paradis se pose sur la main qui ne tente pas de le saisir.

JOHN BERRY

L'amour survit dans l'empathie

L'empathie est l'art de comprendre le point de vue de l'autre. La règle d'or judéo-chrétienne qui nous enjoint de traiter les autres comme nous aimerions être traité est un parfait exemple d'empathie. Or, l'empathie est un excellent moyen de raffermir nos rapports humains.

L'empathie ne nous oblige pas à accepter le point de vue de l'autre. Elle ne traduit que notre volonté de comprendre. Pour s'ouvrir à une telle attitude, il faut pouvoir admettre que l'autre est formé de son propre bagage d'expériences, valable pour lui même s'il est incompatible avec le nôtre. Tout le monde ne perçoit pas l'univers de la même façon que nous. Nous aurons enfin accédé à l'empathie quand nous pourrons sortir de nous-même assez longtemps pour voir les choses par les yeux d'un autre.

Souvent, j'ai rencontré des gens désagréables qui, à première vue, ne semblaient pas mériter autre chose que d'être oubliés au plus vite. Mais quand j'ai pris le temps de les connaître, j'en ai toujours gagné une meilleure acceptation de leurs comportements. C'est ainsi que j'ai appris à éviter les jugements hâtifs, car ils sont en général erronés.

Quand l'empathie devient une habitude, et que nous ne sommes plus dominé par la passion du moment, notre capacité d'amour se déploie sans frontières.

♥

En cherchant le bien chez l'autre, on découvre le meilleur de soi-même.

MARTIN WALSH

Le cœur a ses raisons

Le cœur est le lieu où nous vivons nos passions les plus intenses. Il est fragile et se brise facilement, mais son pouvoir de récupération est immense. Inutile de le tromper, le cœur dépend pour sa survie de notre honnêteté.

Souvent, lorsque nous craignons d'avoir le cœur brisé, nous nous retirons dans les profondeurs les plus reculées de nous-même, là où nous avons appris à masquer la douleur ou à la nier. Replié sur nous-même, nous croyons avoir trouvé la sécurité.

Mais les peines de cœur sont le moteur de l'évolution positive. Rien de durable ne s'élabore sans conflit. Si rien ne nous fait obstacle, nous renonçons à l'action et sombrons dans la complaisance pour découvrir que l'absence de douleur n'est pas nécessairement la meilleure solution.

♥

Certains sentent avec leur tête et pensent avec leur cœur.

G. C. Lichtenberg

Je t'aimerai si...

Bien des amants tombent dans le piège de ce que j'appelle le message: «Je t'aimerai si...» Voilà l'amour offert sous conditions et — je vous le dis tout de suite — ça ne marche pas. Tout n'est plus alors qu'un vulgaire marchandage où le retrait d'amour est brandi comme une menace constante:

«Je t'aimerai si tu restes à la maison et prends soin de tout.»

«Je t'aimerai si tu réussis.»

«Je t'aimerai si tu es d'accord avec moi.»

«Je t'aimerai si tu restes sans cesse à mes côtés.»

Et ainsi de suite.

Ces attentes sont, par définition, difficiles à combler, mais tout sombre dans la confusion lorsque l'amour se transforme en chantage. L'amour doit être une donnée constante. Le message doit être: «Je t'aimerai, quoi qu'il arrive. Ne crains pas de perdre mon amour.»

Vouloir transformer l'autre est un projet périlleux, à plus forte raison lorsque l'entreprise est placée sous le signe du retrait d'amour.

♥

Aucune créature humaine ne peut commander à l'amour.

GEORGE SAND

L'amour et la planification

Si l'amour et la vie étaient plus prévisibles, nous aurions sans doute moins de problèmes, mais nous serions vite accablé d'ennui. Réjouissons-nous donc du caractère imprévisible du monde dans lequel nous vivons.

Nous ne savons jamais vraiment ce qui nous arrivera d'un moment à l'autre. La planification nous apporte peut-être un sentiment de sécurité, mais elle a aussi quelque chose de futile compte tenu de l'incertitude générale dans laquelle nous baignons.

J'avais une bonne amie, exceptionnellement heureuse en mariage. Un jour, son mari a quitté la maison à l'heure habituelle, après avoir pris son petit déjeuner préféré et avoir embrassé sa femme passionnément, comme tous les matins. Mais il n'est jamais revenu. Vers midi, mon amie a reçu un coup de téléphone de la morgue. Son mari était mort dans un accident de voiture et elle devait aller identifier le corps. Des années de planification sont ainsi parties en fumée, emportées par ce bref coup de fil.

Tant que nous sommes vivant, notre vie se déroule de façon imprévisible. Le sage se laisse porter par le flot, sachant que seul le moment présent lui appartient et curieux de découvrir l'avenir.

♥

Devant un obstacle insurmontable, l'entêtement est une bêtise.

Simone de Beauvoir

L'amour et la frêle vision de soi-même

Les psychologues et les linguistes affirment qu'avant l'âge de dix-huit ans un jeune se sera sans doute entendu dire plus de quinze mille fois des gentillesses comme «stupide», «idiot», «imbécile», «paresseux» ou «pénible». Quinze mille déclarations de sa médiocrité sur une période d'environ dix-sept ans: voilà qui risque de laisser des traces même chez les plus confiants. Comment s'étonner ensuite qu'il faille une vie entière pour triompher de notre sentiment d'infériorité?

De savoir cependant que les mots ne sont pas la réalité, que nous ne sommes pas une montagne de défauts et d'insuffisances, que l'évaluation des autres est souvent le produit de l'ignorance, peut nous mettre sur la voie d'une vision plus réaliste et plus saine de nous-même qui nous rendra mieux en mesure d'aimer.

♥

Les mots, comme les anges, sont des puissances qui exercent sur nous un pouvoir invisible. Des présences réelles ayant leur propre mythologie... et leurs propres effets de mise en garde, de profanation, de création et d'annihilation.

James Hillman

L'amour est constant,
nous sommes volages.
L'amour est garanti,
les humains trahissent.
L'amour est toujours digne
de confiance,
les humains, non.

Ne ratez pas la vie à attendre l'amour

Nous avons souvent le sentiment que quelque chose manque à notre expérience de l'amour, mais nous ne savons pas comment y remédier. Nous savons seulement que la confusion nous entraîne dans des directions où nous ne voulons pas toujours aller. Nous n'arrivons même pas à nommer le trouble qui nous habite, bien qu'il semble se loger au cœur même de notre être. Nous nous sentons réduit à l'état de pion sur l'échiquier de l'amour, ballotté çà et là au gré d'un jeu dont nous ne connaissons pas les règles.

La solution se trouve souvent dans l'action. Il faut vivre avec plus de détermination que jamais, à la fois pour chercher des solutions et pour éviter le sentiment de vide. Il faut manifester plus de tendresse, plus de patience, apprendre à pardonner et exprimer plus de gratitude pour ce qui nous est donné. L'action positive peut rouvrir le cœur.

Il n'y a pas de mal à attendre l'amour, à condition de continuer de vivre.

♥

Le temps est le truc que la nature a trouvé pour empêcher que tout nous arrive en même temps.

ANONYME

Aimer dans la mesure où l'on s'aime

La plupart des religions du monde prescrivent de s'aimer soi-même. Ce mandement procède du principe fondamental qu'il existe un rapport d'harmonie entre l'amour que nous ressentons pour les autres et l'amour qu'il nous faut, par nécessité, ressentir pour nous-même si nous voulons pouvoir aimer. Quoi qu'on en dise, l'amour de soi est une saine nécessité qui, tant que son mouvement est orienté vers l'extérieur, n'a rien à voir avec l'égocentrisme. Nous ne pouvons donner que ce que nous avons et nous ne pouvons enseigner que ce que nous savons, voilà la vérité première sur laquelle se fonde l'amour de soi. Il s'agit donc de se donner le meilleur soi possible pour ensuite le partager avec les autres. Il est impossible d'aimer les autres plus que soi-même, et comme l'amour est sans limite, il y a aussi de l'espoir à l'infini.

♥

Le mandement «Aimez votre prochain comme vous-même» n'est pas une prescription morale. C'est une prescription psychologique. L'amour est de nature biologique. En aimant les autres, on s'assure de ne plus être seul. Et plus on est connecté à la vie, plus on est équilibré.

JAMES LYNCH

Communiquer son amour

En 1983, j'ai réalisé une étude très intéressante. J'ai demandé à des couples qui avaient su rester unis et productifs pendant de nombreuses années de me dire à quoi ils attribuaient le succès de leur amour. Plus de quatre-vingt-cinq pour cent des centaines de répondants estimaient que l'ingrédient essentiel d'une relation durable est la capacité de communiquer.

La communication est l'art de parler avec l'autre plutôt qu'à l'autre. C'est dire ce qu'on pense et ce qu'on ressent, clairement, sans détour et sans déguisement. Contrairement à ce que voudrait nous faire croire la sagesse populaire, la communication est une compétence acquise et non le résultat naturel de la réunion de deux personnes. Tout ce qui «va sans dire» ou est «entendu» entre deux personnes engagées dans un rapport amoureux peut vite se transformer en une montagne de malentendus. Nous n'entendons pas ce que l'autre ne dit pas et quand, enfin, la clé de l'énigme nous est donnée, il est souvent trop tard.

♥

Quand deux amants laissent un seul moment creux s'installer entre eux,
ce dernier grandit — il devient un mois, une année, un siècle;
et puis c'est trop tard.

JEAN GIRAUDOUX

L'amour est un art autant qu'une science

Aussitôt le couple formé, nous découvrons toute la créativité et les prouesses d'invention qu'il faudra déployer pour en garantir la survie. Qui s'endort dans les bras de l'amour risque de s'éveiller cruellement aux pieds de la déception. L'amour nous oblige à rester vigilant et sensible à tout ce qui nous entoure. Il faut rester à l'affût d'indices subtils annonçant les besoins, les peurs, les frustrations. Il faut se tenir prêt à l'action créatrice et ne jamais se cantonner dans ses habitudes et ses préjugés.

Nous tenons trop souvent notre couple pour acquis. En amour, une telle attitude mène le plus souvent à la perte. Ensuite, il faut mettre des efforts considérables pour reconquérir ce qui nous a bêtement échappé faute d'avoir su l'entretenir.

♥

La créativité consiste peut-être tout simplement à comprendre qu'il n'y a pas de vertu particulière à faire les choses toujours de la même façon.

RUDOLF FLESCH

Croire assez pour pardonner

La confiance s'appuie sur la foi. Quand nous confions notre cœur à quelqu'un, nous voulons croire que cette personne ne cherchera jamais délibérément à nous faire mal ou à abuser de notre confiance. Nous pensons que l'être aimé est honnête, juste et digne de confiance. Nous souhaitons qu'il soit responsable, mais, hélas, ce n'est pas toujours le cas. Comme nous sommes tous imparfaits et vulnérables, nous pouvons tous tromper ou être trompés. C'est alors qu'il faut faire appel à notre capacité de pardonner, car c'est cette faculté qui guérit les blessures et restaure la foi.

Pour faire confiance, il faut oublier le passé et aller de l'avant, ou tenter sa chance de nouveau en sachant que l'effort, bien qu'imparfait, en vaut la peine. Car, après tout, nous visons l'humanité et non la divinité.

♥

La vérité importe plus que les faits.

FRANK LLOYD WRIGHT

Le jeu enrichit l'amour

Trop souvent, nous reléguons le jeu à l'enfance. Les jeux des adultes sont structurés, obéissent à des règles précises et visent la victoire. Les enfants jouent pour le seul plaisir de jouer.

Les amants qui se livrent à des jeux connaissent la valeur du rire, du plaisir et de la surprise. En explorant le faire-semblant, ils s'ouvrent à des aspects de l'imagination trop souvent perdus dans le train-train quotidien. Le jeu, dans sa dimension créatrice, contribue à créer de nouveaux rapports entre les gens et les choses. Le jeu favorise l'entraide cordiale et nous éloigne de l'âpre concurrence du monde dans lequel nous vivons. Quand le jeu ne vise que le plaisir, la victoire cesse d'être un enjeu.

Un jour, j'ai conseillé à un couple de jouer davantage. Ils ont accueilli l'idée avec bonheur, surtout en raison des tensions énormes qui les tiraillaient. Ils ont donc acheté une table de ping-pong. Tous les soirs, après le travail, ils jouaient. Mais ce qui était d'abord un simple amusement s'est vite transformé en un affrontement quotidien. Il serait «sans pitié». Elle allait lui «enfoncer la balle dans la gorge». Heureusement, ils ont opté pour un jeu moins compétitif avant que le ping-pong ne détruise leur couple. La table de ping-pong leur sert aujourd'hui à plier la lessive.

O. Fred Donaldson disait que «le jeu est une activité subversive dans un monde déshumanisé». Je crois qu'il a raison. Le seul but du jeu est de s'amuser, de se divertir, de batifoler sans raison et sans but, hors du territoire de l'intellect. En jouant, nous découvrons un côté positif de nous-même qui sait jouir de la vie sans l'analyser, ce qui est absolument essentiel à l'amour.

♥

Or, il est caractéristique du jeu que nous jouions sans raison,
et il doit en être ainsi. Car le jeu est sa propre justification.

LIN YUTANG

L'amour véritable est désintéressé

Des êtres exceptionnels surgissent occasionnellement parmi nous qui, ayant renoncé à chercher l'amour, se sont mis à le pratiquer dans l'action désintéressée. Je ne dis pas qu'il nous faut tous devenir des Mère Teresa, des Victor Frankl ou des Dag Hammarskjöld, mais qu'il faut nous inspirer de leurs œuvres pour comprendre que la plus haute forme d'amour consiste à transcender le soi pour se centrer sur les besoins des autres et ceux du monde dans lequel nous vivons.

Étrange paradoxe qui veut qu'en s'oubliant soi-même on en vienne à se voir plus clairement; qu'en se donnant on reçoive au centuple.

Après une très grave opération au cœur et de multiples complications, j'ai commencé à récupérer le jour où j'ai découvert que j'avais la capacité d'inspirer le courage, la paix et la joie aux autres malades de l'étage. J'ai aussitôt oublié mes propres malheurs au profit des besoins des autres.

Quand nous aimons, la joie, le bien-être et la croissance de l'être aimé nous deviennent essentiels. Notre joie provient de ce que nous sommes le véhicule du bonheur de l'autre.

♥

Ce n'est qu'en transcendant l'existence humaine que l'on devient véritablement humain ou véritablement soi-même. Non pas en visant la réalisation personnelle, mais en s'oubliant soi-même pour se donner aux autres, en passant outre à soi-même pour regarder au-delà.

VICTOR E. FRANKL

L'amour n'ouvre pas
les vieilles blessures,
il les guérit.

Le bonheur en amour

Le bonheur est une réalité difficile à définir. C'est un sentiment très personnel. Pour certains, sa manifestation est rare et dépend d'événements extraordinaires. Quant à moi, les choses les plus ordinaires me rendent heureux: un repas entre amis, une promenade dans le parc, une conversation agréable, une marque d'affection. Mais comme nous sommes tous très différents, ce qui rendra une personne heureuse peut avoir l'effet contraire sur une autre.

En amour, le bonheur est plus qu'une simple question de bien-être. Il ne se trouve pas dans les seuls plaisirs momentanés et ne vient pas d'avoir accepté une définition toute faite. Le bonheur que deux amants trouvent en présence l'un de l'autre résulte d'un travail patient et délibéré.

L'amour est souvent représenté comme un phénomène enivrant, ayant le pouvoir de tromper et de séduire momentanément. Beaucoup de promesses, mais peu de plaisirs durables. Il en restera ainsi tant que le bonheur sera perçu comme éphémère. Si nous voulons un bonheur durable, il faut un engagement profond et la volonté de construire son propre bonheur.

Se savoir en position de créer et de façonner son propre bonheur: voilà un acquis précieux. De là, il devient possible d'introduire dans sa vie les choses qui rendent heureux et de faire en sorte qu'elles y restent au lieu d'attendre leurs manifestations aléatoires et passagères.

♥

Nous avons tendance à oublier que le bonheur ne vient pas d'avoir obtenu une chose que nous n'avions pas, mais plutôt de savoir apprécier les choses que nous avons.

FREDERICK KOENIG

Quand l'amour s'enlise

Dans toute relation de couple, il survient des moments où l'on se sent pris au piège sans trop savoir pourquoi. Ce n'est pas tant notre bonheur que notre équilibre mental que nous sentons alors le besoin de protéger.

La première réaction consiste souvent à aller voir ailleurs ou à fuir au lieu de faire face à la musique. Nous trouvons plus facile de nous plaindre que de chercher des solutions concrètes. Mais si gémir soulage, ça n'arrange rien.

Pour sortir de l'ornière, il faut cesser de patiner et entreprendre de réfléchir sérieusement sur ce qu'il convient de faire. Faire quelque chose ne veut pas dire se plaindre encore plus fort.

Trop souvent, nous fuyons précisément la chose dont nous avons le plus besoin et nous nous retrouvons de ce fait seul, malheureux et abandonné. Il y a toujours une meilleure solution: c'est grandir.

♥

Si l'inquiétude tue plus que le travail, c'est que l'on passe plus de temps à s'inquiéter qu'à travailler.

ROBERT FROST

Le jour où la folie humaine nous est révélée, l'amour se trouve expliqué

L'amour ne supporte pas d'être examiné de trop près. Il échappe à toute explication logique et rationnelle. Il est essentiellement imprévisible, de sorte que nous restons pantois devant chacune de ses manifestations comme devant un phénomène unique et inexplicable.

Les années m'ont convaincu qu'il y a un brin de folie en chacun de nous et qu'à défaut de laisser cette folie s'exprimer dans la fantaisie nous risquons la démence.

Comment expliquer l'amour autrement que par la folie? Quelle autre force pourrait nous pousser à vouloir nous unir pour la vie à une personne que nous ne connaissons pas? Comment pourrions-nous continuer d'aimer nos enfants alors qu'ils nous accusent d'être ennuyeux et envahissant et font tout pour nous éviter? Pourquoi laisserions-nous une peine d'amour nous réduire à l'état de pauvre loque humaine incapable de fonctionner, et comment pourrions-nous, à peine remis, n'avoir rien de plus pressé à faire que de repartir à l'aventure? Pourquoi accepterions-nous de renoncer à nous-même par amour pour un autre? Pour moi, il n'y a qu'une réponse possible: nous sommes fous. Le jour où nous acceptons cette vérité, comme je le fais moi-même sans mal, l'amour devient l'expérience la plus riche, la plus merveilleuse et la plus passionnante qui soit.

♥

Il ose être fou, et c'est le premier pas sur la voie de la sagesse.

James Gibbons Huneker

En amour, nous sommes tenu non à la perfection mais à l'honnêteté

Nous mentons souvent, à nous-même et aux autres, croyant ainsi simplifier nos rapports avec les autres et nous rendre la vie plus agréable. Mais les mensonges, si insignifiants soient-ils, créent à la longue plus de problèmes qu'ils n'en règlent. En amour, la plupart des mensonges viennent du sentiment que, pour être aimé, il faut être parfait. Nous craignons la vérité parce qu'elle risque de nous exposer dans toute notre faiblesse. Il faut alors se rappeler que l'excellence est la poursuite de la perfection, non sa réalisation.

Nous mentons parce qu'il nous semble que tout le monde devrait nous aimer. Nous cherchons à plaire à tout le monde tout le temps. Or, même si la chose était possible, ce serait épuisant.

Nous nous mentons à nous-même pour éviter de faire face aux problèmes. Nous apprenons à camoufler certaines réalités déplaisantes en nous trompant nous-même. Mais, en amour, les problèmes que nous tentons de fuir ont tendance à s'aggraver.

Le mensonge ne mène à rien. En amour, il est la principale cause d'échec. Rien n'est plus dévastateur que de se découvrir trompé par les personnes mêmes en qui nous avons mis notre confiance.

L'honnêteté est toujours la meilleure politique. Il n'y a pas d'exception à cette règle. Il faut d'abord être honnête envers soi-même puis en venir à aimer suffisamment les autres pour les traiter de la même manière.

♥

L'honnêteté est le premier chapitre du livre de la sagesse.

THOMAS JEFFERSON

L'amour et l'intimité profonde

Il y a toujours un élément de risque à chercher l'intimité d'un autre. Oser reconnaître que nous avons besoin de l'autre a quelque chose d'inquiétant. Nous nous montrons alors vulnérable. Le paradoxe, c'est que nous avons besoin de nous ouvrir à l'autre, mais nous voulons le faire sans risque. Nous voulons nous offrir sans nous engager; nous voulons l'intimité sans la vulnérabilité. Mais l'intimité n'est possible qu'à condition de se donner sans garantie, dans l'espoir que l'autre en fasse autant.

Ce besoin est universel, inné. Tout le monde le ressent aussi profondément. Le désir d'intimité est un signe de force, non de faiblesse; de maturité, non de névrose.

Quand l'amour se vit dans l'intimité profonde, il nous fait accéder aux plus hautes sphères de l'expérience humaine. Dans ces lieux exaltés, où nous abdiquons volontiers notre moi, un aperçu du ravissement nous est donné en partage. Les frontières s'estompent, les limites s'évanouissent. Nous ne sommes plus qu'un tout en restant deux.

♥

Ce n'est pas la dureté qui nous tient au chaud la nuit mais la tendresse, qui pousse les autres à vouloir nous réchauffer.

Harold Lyon

Aimer, c'est dire «oui» à la vie

La vie est toujours une aventure, qu'elle soit guidée par l'amour ou par la peur. La peur est la constriction de la vie... le «non».

L'amour est la libération... le «oui».

Dites «oui!»

♥

La peur de la vie est la maladie par excellence du XXe siècle.

WILLIAM LYON PHELPS

La sécurité et l'amour

L'amour seul ne suffit pas pour vivre, si puissant soit-il. Quand j'étais enfant, dans ma famille nombreuse, nous vivions sans cesse sous le seuil de la pauvreté. La nourriture était souvent frugale, l'espace était un luxe dans une maison trop petite pour nous loger, et les vêtements avaient toujours déjà été portés par un plus grand. Or, non seulement nous avons survécu, mais nous avons tous réussi dans la vie. J'ai toujours su que d'autres possédaient plus que nous, mais la sécurité que nous donnait l'amour compensait largement.

Nous étions ensemble. Nous n'étions jamais esseulés. Nous avions le sens de l'humour et les talents culinaires de maman. (Comment elle réussissait à préparer d'aussi succulents repas avec si peu de moyens ne cessera jamais de m'étonner.) Nous avions la chaleur et les talents de jardinier de papa. (Comment il parvenait à tirer une si abondante récolte d'un si petit lopin de terre me mystifie encore aujourd'hui.)

L'amour était toujours là pour combler les lacunes. Mais, surtout, nous avons acquis une connaissance exacte de nos besoins véritables.

♥

Que l'amour soit dans votre cœur. Une vie sans amour est comme un jardin sans soleil dont toutes les fleurs seraient mortes.

OSCAR WILDE

Nous restons pour la plupart
étranger à nous-même.
Dissimulant qui nous sommes,
nous demandons à d'autres
étrangers, dissimulant qui ils sont,
de nous aimer.

L'amour s'épanouit d'être sans cesse enrichi

Pour connaître des amours durables, il faut éviter le contentement béat. Plus d'amours sont mortes sur l'île de la satisfaction de soi que sur les flots déchaînés par la tempête.

L'amour nous oblige à garder l'esprit ouvert et en alerte, ce qui n'est pas très difficile. Il y a au moins cent façons de le faire.

Je connais un couple, marié depuis quarante ans, qui n'a jamais cessé d'évoluer. Elle prend actuellement un cours d'aquarelle, et lui un séminaire sur la loi de l'impôt. Ensemble, ils apprennent l'italien en prévision d'un voyage dans le sud de l'Italie. Ils n'ont jamais le temps de s'ennuyer et ne manquent jamais de sujets de conversation.

Une relation humaine n'évolue et ne reste stimulante qu'à condition d'y mettre de l'effort. Il faut prendre le temps d'enrichir sa vie et, par conséquent, son amour, à défaut de quoi nous nous contentons de coexister. Or, qu'on se le dise: le contentement béat tue.

♥

La croissance est la seule manifestation de la vie.

CARDINAL JOHN HENRY NEWMAN

Entendre l'appel de l'amour

Quand nous ne faisons pas carrément la sourde oreille, nous ne savons pas écouter. Les malentendus attribuables à une écoute insuffisante font plus de ravages qu'on ne saurait l'imaginer. La solitude, les chagrins d'amour, le temps perdu et les blessures de l'âme qui en découlent sont innombrables.

Au mieux, nous faisons de l'écoute sélective: nous entendons la moitié de ce qui nous est dit et filtrons ce qui nous paraît sans intérêt. Et même quand nous écoutons vraiment, nous déformons souvent le message qui nous est adressé. Nous entendons ce que nous voulons bien entendre au lieu de ce qui nous est dit.

Mais il y a de l'espoir. L'écoute est une compétence qui s'acquiert. Et l'amour crée le contexte idéal dans lequel perfectionner cette compétence puisque c'est en amour que l'on risque le plus de souffrir des effets d'une oreille fermée. Quand les sentiments et le bonheur d'un autre nous tiennent vraiment à cœur, nous apprenons généralement à mieux écouter. L'oreille est fine lorsqu'il s'agit d'entendre la voix de l'être aimé. L'écoute, c'est de l'amour en action.

♥

La persuasion passe d'abord par les oreilles...
elle vient d'avoir su écouter.

DEAN RUSK

Pour se rapprocher de l'amour, il faut parfois s'en éloigner

Parfois, c'est en s'éloignant d'une situation apparemment sans issue qu'on en découvre le remède. S'écarter momentanément d'un problème donne le temps de l'analyser et permet de se reprendre en main.

La solution est souvent plus proche qu'on ne le pense. Les amis, les conseillers, la famille, les livres ou les ateliers sont de bonnes sources où puiser des solutions fraîches. Mais il faut vouloir prendre le temps nécessaire pour élaborer les réponses dont on a besoin.

S'éloigner d'un amour sur le déclin dans l'espoir d'y voir plus clair n'est pas une façon de fuir la difficulté, mais plutôt d'avancer vers la solution éventuelle.

♥

Pour régler les problèmes de la vie, il n'y a qu'un moyen: il faut les régler.

M. Scott Peck

Des petits mots d'amour

Nous sommes souvent plus avare de compliments avec les êtres qui nous sont chers qu'avec nos amis ou de vagues connaissances. Et ce, en dépit du fait que les behavioristes, et l'expérience, nous disent que les éloges ont plus d'effet sur le comportement que les critiques. Nous avons tous besoin de nous sentir approuvés par ceux que nous admirons, à défaut de quoi notre estime de soi se trouve en péril.

Nous avons tellement perdu l'habitude des compliments qu'ils sont devenus gênants, tant pour l'émetteur que pour le destinataire. Nous sommes prompt à critiquer, et hésitant à faire des éloges. Mais si la nouvelle toilette est séyante, pourquoi ne pas le dire? Si la nouvelle coiffure est réussie, pourquoi ne pas le signaler? Si quelqu'un a fait un bon travail, quel mal y a-t-il à le dire?

Les éloges, comme l'amour, ne prennent leur vraie signification que s'ils sont faits en toute liberté.

♥

La vanité est si ancrée dans le cœur de l'homme que tous veulent avoir la gloire — même moi qui écris ceci et ceux qui le lisent.

BLAISE PASCAL

L'amour ne donne pas de garantie

L'amour nous paraîtrait peut-être moins intimidant s'il venait avec une garantie. Mais même la sanction de l'Église et de la loi n'en offre aucune. Il faut toujours faire confiance à l'amour.

Bien peu d'entre nous ont échappé aux peines et aux larmes qu'inflige l'amour trahi. Ces chagrins nous durcissent et nous rendent sans merci. Nous mettons nos malheurs sur le compte de l'amour en oubliant que l'amour est constant mais que l'humain est volage. L'amour est garanti, mais les humains trahissent. L'amour est digne de confiance, mais les humains sont changeants. En amour, notre seule assurance vient des efforts que nous mettons à nous rendre digne d'un amour durable. Alors, il n'y a plus rien à craindre.

♥

L'enfer, c'est de ne plus aimer.

GEORGES BERNANOS

L'amour et les traumatismes

La plupart des traumatismes sont attribuables à la perte, à la mort, au divorce, à la maladie, aux revers de fortune ou aux amitiés brisées. Nulle vie n'est entièrement libre d'incidents douloureux de ce genre. Ils sont impossibles à éviter. Ils font partie de la réalité de l'existence.

Lorsque nous subissons un traumatisme, notre équilibre en est perturbé, surtout lorsque la perte est irréversible. L'univers qui nous semblait jusqu'alors prévisible et rassurant devient soudain bizarre et inquiétant.

Il faut du temps pour accepter le caractère irréversible d'une perte. S'adapter à une vie qui ne sera plus jamais la même nous fait découvrir nos faiblesses. Il faut souvent beaucoup de courage pour se relever et poursuivre sa route. Mais ces moments difficiles nous révèlent aussi des ressources insoupçonnées.

Quoi qu'il en soit, notre première réaction est souvent l'apitoiement sur soi-même et la recherche d'un coupable à blâmer. Nous accusons Dieu, la société, les êtres qui nous sont chers, quiconque se trouve à portée. Mais quand nous parvenons à nous reprendre en main et à surmonter le traumatisme, nous y gagnons une meilleure connaissance de nous-même et une plus grande acceptation de la vie.

Les moments de douleur et de désespoir nous éveillent souvent à nous-même, dissipent notre ignorance et éliminent de fausses perceptions.

Les seuls traumatismes vraiment graves sont ceux qui ne mènent pas à une évolution positive.

Avec le temps, la douleur s'estompe, les blessures guérissent, et nous découvrons une vérité profonde: ce qui nous reste est la chose la plus précieuse qui soit, la vie elle-même.

♥

Le bonheur est l'intervalle entre deux périodes de malheurs.

DON MARQUIS

Le visage changeant de l'amour

Comme nous ne vivons jamais deux fois la même expérience, l'amour peut nous paraître une source de confusion. Chaque nouvel amour entraîne des comportements nouveaux et fait appel à la totalité de notre être rationnel et intuitif.

Chaque nouvelle situation présente ses demandes, souvent complexes. Chaque fois que nous voulons mettre à profit notre expérience passée, nous découvrons qu'elle est inutile et nous nous voyons forcé de trouver des moyens entièrement nouveaux de faire face à ce que nous vivons. Les vieilles habitudes, les styles et les attitudes du passé ne conviennent plus aux nouvelles exigences de l'amour. Mais ce visage changeant de l'amour ne doit pas nous inspirer de crainte, car l'amour n'échoue que si nous prétendons tout savoir.

♥

À vrai dire, la seule chose que nous ayons en commun,
c'est le changement... et nous avons tendance à le fuir.

E. B. WHITE

Céder est une
forme d'abandon
qui a toute sa place
dans une relation amoureuse.

Le pouvoir de l'amour humain

Chez l'être humain, la perfection n'existe pas. La fragilité et les défauts sont notre lot commun. Nous succombons à:

la colère
l'impétuosité
la vengeance
l'entêtement
le mépris
l'irrationalité
le manque de compassion
le manque d'humilité
le goût de détruire
la malice
la peur
l'orgueil
la fourberie
le mensonge
la malhonnêteté
l'indécision
la lâcheté
les préjugés
la haine

Quand nous parvenons à nous aimer les uns les autres en dépit de ces imperfections, nous commençons à prendre conscience du pouvoir inexplicable de l'amour.

♥

La vérité est tellement simple qu'elle est perçue
comme une banalité prétentieuse.

DAG HAMMARSKJÖLD

L'amour et l'espoir

Il n'y a pas de remède plus puissant que l'espoir, pas de tonique plus efficace que la certitude de trouver une solution aux problèmes de la vie. La capacité d'espérer permet de faire face aux difficultés de la vie. Elle nous rappelle que, quoi qu'il arrive, nous triompherons. Personne n'est réduit à l'état de victime impuissante; bien peu de situations sont sans remède. Avec l'espoir, nous pouvons transformer une tragédie en un accomplissement. Et si la situation ne bouge pas, nous pouvons avancer à sa rencontre et nous y mesurer.

Pour ceux qui croient, l'espoir est une source intarissable.

♥

La capacité d'espérer est la plus importante réalité de la vie.
Elle permet d'entrevoir une destination et donne l'énergie voulue pour se mettre en route.

NORMAN COUSINS

Amour et compassion

Nous sommes des créatures non parvenues encore à leur point d'achèvement et nous nous débattons dans un monde complexe et difficile où la compassion joue un rôle de bouée de sauvetage. La compassion nous donne des attentes plus réalistes, nous rend moins exigeant et plus souple. Nous sommes moins prompt à blesser les autres ou à faire des reproches inutiles. Nous acceptons mieux la fragilité et l'inconstance humaines. Autrement dit, nous autorisons les autres à être ce qu'ils sont, à agir selon leur cœur, et à se réaliser davantage.

La compassion est une forme de tolérance où règnent la bonté et le pardon. Quand nous faisons preuve de compassion, nous laissons à l'autre toute sa dignité, ce qui est l'essence même de l'amour.

♥

Comme la compassion est inhérente à l'être humain,
il devient possible de l'éveiller en chacun, quel que soit
son âge et si horrible que soit son vécu antérieur.

THEODORE ISAAC RUBIN

Être soi-même

Les gens qui se sentent bien dans leur peau n'ont pas peur de l'avenir. Ils gardent d'eux-mêmes une image positive lors même que tout s'écroule autour d'eux. Leur assurance et leur estime de soi sont constantes. S'ils restent sensibles à l'opinion d'autrui, ils ne s'en font pas une maladie. Le monde leur semble offrir plus de défis à relever que de menaces à craindre.

La maturité consiste peut-être à atteindre ce point dans la vie où nous pouvons prendre la mesure de nous-même — forces et faiblesses confondues — en sachant que nous ne possédons que nous-même; nous avons droit à une vie heureuse et constructive, et nous avons le pouvoir de nous transformer et de modifier notre environnement dans des proportions réalistes. Bref, nous sommes tous autorisés à être qui nous sommes et à devenir qui nous voulons être.

♥

Chacun a une place à occuper en ce monde et chacun a son importance, qu'elle soit apparente ou non.

NATHANIEL HAWTHORNE

Le blâme

La plupart d'entre nous sommes des experts dans le domaine du blâme. Nous avons appris à placer nos échecs et nos problèmes aux pieds des autres. «Je ne suis pas responsable de ce que je suis devenu, me disait un homme profondément perturbé, mon enfance a été un véritable cauchemar.» Vingt ans plus tard, cet homme refusait encore de vivre en raison de blessures mal guéries. Manifestement, le cœur de son problème n'était pas tant son passé douloureux que sa volonté maladive de le ressasser sans cesse sans rien tenter pour s'en sortir. La dépression, la névrose, le malheur chronique n'ont pas pour cause un événement ou une personne, mais plutôt la façon que nous avons d'y réagir.

Le jour où nous comprenons que nous avons la responsabilité de nous libérer des entraves du passé, nous en libérons aussi les autres. Il devient alors possible de se concentrer sur l'amour plutôt que sur le blâme.

♥

L'homme qui, dans un moment d'égarement, me fait du tort,
je lui rendrai la protection de mon amour sans arrière-pensée;
et plus il me fera mal, plus je lui ferai du bien.

BOUDDHA

Une simple leçon d'amour

Abordons chacun en tant que personne digne de vivre, dont la vie est aussi riche, complexe et mystérieuse que la nôtre. Suspendons nos préjugés et, ne serait-ce qu'un moment, oublions que nous connaissons «ce genre» de personne.

Agissez ainsi et vous en tirerez peut-être la leçon la plus importante que l'amour puisse nous enseigner: que chacun est digne d'amour du simple fait qu'il soit humain, un être unique, créé par Dieu, et prenons cela comme point de départ.

♥

L'humanité d'un homme se mesure à l'étendue et à l'intensité de son amour pour les êtres humains.

ASHLEY MONTAGU

L'amour n'enseigne pas, il montre la voie

Les éducateurs et les psychologues le confirment: nous apprenons surtout en nous modelant sur les autres, en observant le comportement de nos proches et de ceux que nous admirons le plus.

Les parents, par exemple, qui veulent que leurs enfants aiment la lecture ou la musique sérieuse parviennent le mieux à leurs fins s'ils lisent eux-mêmes et s'ils écoutent avec plaisir de la musique classique. S'ils veulent que leurs enfants s'alimentent sainement, ils doivent préparer régulièrement des repas équilibrés et les partager avec leurs enfants. C'est par l'exemple que se transmet l'enseignement le plus efficace.

Mes parents ont su vivre leur amour d'une façon particulièrement exemplaire. Je leur ai dédié mon livre, *Dire oui à l'amour*, au moyen de l'inscription suivante: «À Tulio et Rosa, qui ont été mes meilleurs professeurs en amour, car ils ne l'ont jamais enseigné, ils l'ont manifesté.»

Les enfants qui grandissent dans un milieu aimant en viennent peu à peu à définir l'amour en fonction de ce qu'ils vivent. Plus l'amour leur est montré clairement dans les comportements des gens qui les entourent, plus il s'inscrira naturellement dans leur vie.

Si nous voulons partager notre amour avec quelqu'un, la meilleure stratégie consiste à aimer le mieux possible et à laisser le reste suivre son cours.

♥

Chacune des expériences de notre vie, tout ce que nous avons connu, est un ciseau qui travaille à façonner la statue de notre vie, à la tailler, la modeler, lui faire prendre forme. Nous faisons partie de tout ce que nous avons vécu.

ORISON SWETT MARDEN

L'amour durable n'est pas une épreuve d'endurance

Nous entendons trop souvent ce refrain malheureux: «L'amour a disparu de notre couple.» Mais une déclaration de ce genre est très injuste à l'égard de l'amour. Ce n'est pas l'amour qui a disparu, c'est nous. L'amour durable n'est pas une épreuve d'endurance. Quand nous savons apprécier toutes les choses qui nous ont rapprochés l'un de l'autre, et quand cette appréciation s'approfondit au cours des ans, nous restons ensemble. Un tel rapport est une belle histoire d'amour.

Voilà pour le côté positif des choses. Mais il y a un côté moins enchanteur, du moins aux yeux de certains: un tel succès exige de l'effort. Pour qu'un rapport sain reste sain, il faut l'entretenir; les obstacles doivent être surmontés ou acceptés avec grâce. Il faut tenir compte des leurres et des peurs qui menacent notre amour. Mais surtout, il faut savoir accueillir le mystère, l'enthousiasme et la stimulation qui feront de nous des amoureux pour la vie.

♥

Les obstacles sont ces choses terribles qu'on aperçoit lorsqu'on détourne son regard du but visé.

HANNAH MORE

L'inquiétude ne nous épargne pas les malheurs de demain, elle nous prive des joies d'aujourd'hui

Pour certains, l'amour et l'engagement sont des sources d'anxiété. Avons-nous fait le bon choix? Notre couple échouera-t-il? Allons-nous souffrir? Si nous nous révélons dans l'intimité, serons-nous à la hauteur? Nous nous torturons ainsi jusqu'à l'épuisement de l'amour. L'amour n'est plus alors qu'une source de tension, de frustration, de stress.

Quatre-vingt-dix pour cent des malheurs que nous craignons ne se réaliseront jamais. Nous le savons très bien. Et pourtant, nous continuons de nous inquiéter comme s'il était frivole d'y renoncer. Les problèmes mineurs nous font paniquer, les problèmes plus graves nous conduisent au bord de l'effondrement. Nous voyons le côté négatif des choses avant d'envisager leur aspect positif (quand il nous arrive de l'envisager). Nous trouvons un million de bonnes raisons de nous inquiéter puisque nous avons une connaissance intime de tout ce qui pourrait nous causer du tort.

L'inquiétude nous rend littéralement fou. Elle s'empare de notre vie et nous laisse le cœur vide et la peur au ventre. Je ne dis pas qu'il faudrait parcourir la vie le cœur léger et l'esprit ailleurs. Mais je pense qu'il faut apprendre à faire la part des choses entre les soucis imaginaires et les inquiétudes réelles.

♥

Quelles que soient la profondeur du malheur, la gravité de la situation, l'ampleur de la confusion, ou l'étendue de l'erreur, une actualisation suffisante de l'amour dissipera tout.

EMMET FOX

Nous comprenons les autres dans la limite où nous nous connaissons nous-même.

Dire «non» à l'amour

Certains croient à tort qu'en amour il faut toujours dire «oui» à l'être aimé, même quand la demande est capricieuse ou frustrante. Ils ont le sentiment que tout est dû à l'être aimé en retour de son amour. Il importe alors de comprendre la différence entre l'amour et la manipulation.

Quand on nous fait sentir que l'on attend des faveurs en retour de l'amour qui nous est offert, ce n'est pas de l'amour. Dans certains cas, dire «non» reste la plus grande preuve d'amour, car l'expression directe des sentiments devient alors le moyen d'accéder au respect mutuel. Un «non» sans équivoque libère du ressentiment qu'engendre inévitablement la manipulation.

Savoir que dire non peut aussi être un geste d'amour aide à se découvrir des ressources insoupçonnées et permet de renouer avec la dignité qu'apporte la fidélité à soi-même. C'est aussi disposer d'une technique d'adaptation utile qui saura nous servir tout le reste de notre vie.

♥

Dire «non» donne plus de profondeur à notre «oui».

ANONYME

La vie ne donne pas de deuxième chance

D'avoir vu la mort en face m'en a fait saisir le caractère inévitable, mais aussi la valeur. La mort est souvent source de terreur. Or, ce n'est pas la mort qu'il faut craindre, mais plutôt la facilité avec laquelle nous acceptons de vivre à moitié.

Ceux qui nient leur mortalité manquent souvent de la force vitale nécessaire pour vivre. L'existence, après tout, n'a pas de sens en soi. Ce n'est rien d'autre qu'une série de moments successifs dont la signification n'apparaît que plus tard. Quand nous refusons de penser à l'éventualité de notre mort, le sens de la vie nous échappe et nous acceptons plus facilement de remettre les choses à plus tard, en oubliant que les moments de notre vie, une fois passés, nous sont perdus à jamais.

Le jour de notre naissance, nous recevons une vie à vivre et tout le potentiel d'amour voulu pour mener cette tâche à bien. Et comme la mort nous prend le plus souvent par surprise, nous n'aurons pas de deuxième chance.

La force d'aimer et la volonté de vivre nous viennent d'avoir su accepter le fait que personne n'est éternel.

♥

Une civilisation qui nie la mort en viendra à nier la vie.

Octavio Paz

Confiant en l'amour

On accueille souvent avec cynisme ma façon franche et convaincue de promouvoir la confiance. Il y a longtemps que je ne me laisse plus impressionner par ceux qui voient là une manifestation de folie douce ou de naïveté. Je m'étonne encore cependant de voir toute l'agitation qui s'empare de certaines personnes lorsque j'explique que la confiance a le pouvoir de nous unir et de nous rassurer et que, sans la confiance, l'amour n'a aucune chance de durer. Je ne vois pas ce que cette proposition peut avoir de scandaleux, mais elle engendre des détracteurs à foison.

Quand la confiance s'estompe, des forces négatives prennent la relève. Les intentions les plus irréprochables deviennent suspectes à un esprit troublé par le doute et la méfiance. Les manifestations d'amour sont associées à des arrière-pensées. Les comportements de tous les jours provoquent des traumatismes considérables. Nous craignons d'être trompé si nous accordons notre confiance, mais nous ne voyons pas ce qu'il en coûtera de ne pas faire suffisamment confiance.

♥

Faites confiance, et l'on vous traitera avec droiture;
traitez les autres avec largesse, et ils se montreront à la hauteur.

RALPH WALDO EMERSON

L'amour enrichit l'amour

Tous les gestes d'amour qui nous sont adressés enrichissent notre vie et sont essentiels à notre bien-être. Pour ma part, j'accepte tout l'amour qu'on me donne. Je ne suis pas difficile. Plus il y en a, mieux c'est!

Parfois, les manifestations d'amour les plus pures se produisent lors de rencontres tout à fait fortuites: un inconnu qui nous donne un coup de main quand la voiture est en panne ou une vendeuse qui tient vraiment à nous donner satisfaction. Ces gestes nous réchauffent le cœur pour la simple raison qu'ils sont offerts sans arrière-pensée et sans attente.

S'il est humain de vouloir connaître l'amour au sein d'une relation particulière, il faut se réjouir du fait que l'amour puisse aussi nous être donné dans les circonstances les plus ordinaires. Et il faut prendre le temps de rendre hommage à la personne qui, en passant, a su enrichir notre vie par un geste d'amour spontané. Voilà les renforcements dont nous avons besoin, et les moments auxquels nous pouvons nous raccrocher quand on nous rabâche que le monde est un lieu cruel peuplé de gens indignes de confiance.

♥

L'amour est un fruit toujours de saison et à la portée de toutes les mains.

MÈRE TERESA

Enrichir sa quête d'amour

Dans le monde entier, personne n'est exactement comme vous. Tout ce qui jaillit de vous vous est absolument propre. Il y aura toujours des aspects de vous-même que vous ne comprendrez pas et des aspects que vous n'aimerez pas. Mais vous n'avez aucune raison valable de ne pas vous aimer. Il y a de la dignité dans le fait d'être unique au monde. Vos fantasmes, vos rêves, vos espoirs, vos peurs, vos comportements, vos compétences n'appartiennent qu'à vous. Ils forment la personne que vous êtes et ouvrent la voie à la personne que vous pouvez devenir. Il est vrai que de votre vivant vous ne parviendrez sans doute pas à une connaissance absolue de vous-même, mais c'est rendre hommage à Dieu que d'essayer, car notre quête d'amour est enrichie par la réalisation de soi.

♥

Pour faire le bien dans le monde, il faut d'abord savoir
qui on est et ce qui donne son sens à notre vie.

PAULA P. BROWNLEE

L'amour au présent

J'entends trop souvent des commentaires comme ceux-ci: «On m'envoie des fleurs seulement quand je suis malade ou à l'hôpital, et que je ne suis pas en état de les apprécier. J'aime bien recevoir des fleurs et je trouve plutôt bizarre de penser que, le jour où j'en recevrai le plus, je ne serai plus là pour en profiter.»

«On me donne des cadeaux à Noël ou pour mon anniversaire, mais je renoncerais volontiers à ces cadeaux-là pour une surprise offerte à l'improviste, par quelqu'un qui a pensé à moi sans y être obligé.»

«J'ai toujours voulu aller en Europe, mais il y a toujours eu un contretemps. Je comprends qu'il faut avoir des priorités, mais pourquoi les choses auxquelles je tiens le plus doivent-elles toujours passer après les choses qui me sont imposées?»

«J'ai toujours voulu lui faire ce cadeau qu'il souhaitait tant. Qui aurait cru qu'il partirait si vite, sans que j'aie eu le temps de le lui offrir?»

Le seul amour utile est celui qui se vit au temps présent. Il est trop tard pour hier et trop tôt encore pour demain. Les manifestations d'amour n'attendent pas toujours que le moment idéal soit venu.

♥

Rien n'a plus de valeur qu'aujourd'hui.

JOHANN WOLFGANG VON GOETHE

Créer des rapports enrichissants

Vivre, ce n'est pas se résigner. Trop souvent, nous voyons des gens s'enfermer dans des rapports humains stagnants, et se contenter de miettes d'amour en se disant: «C'est la vie.» Ils se résignent aux petits bonheurs qui leur sont donnés comme si une source mystérieuse avait soigneusement mesuré à l'avance la part infime à laquelle ils auraient droit.

Il ne faut pas rester passif devant la part d'amour et de bonheur qui nous est impartie. Ce ne sont pas des choses auxquelles il faut se résigner. Nous aurons à répondre de notre amour et de ce qu'il nous a apporté. Si nous voulons vivre des rapports humains imprégnés d'amour, c'est à nous de les créer et de les entretenir.

♥

Là où il ne se trouve pas d'amour, introduisez de l'amour,
et vous trouverez de l'amour.

JEAN DE LA CROIX

Pour retrouver la vie,
rien de mieux
que de la donner.

Une vie vécue dans l'amour

J'ai une collègue qui apporte toujours une bouffée d'air frais dans ma vie. Elle est de ces rares personnes qui aiment la vie avec tant de passion que tout ceux qui la rencontrent la trouvent attachante. C'est une femme exceptionnelle, très fiable, mais toujours imprévisible; sage à bien des égards, mais avec un brin de folie; généreuse, mais sans oublier ses propres besoins; toujours en quête de nouveau, mais néanmoins satisfaite de sa vie; capable de se vouer à la domesticité, mais toujours prête à partir pour une lointaine aventure.

Je ne me demande plus quel est son âge. Je ne serais pas étonné d'apprendre qu'elle a perdu le compte elle-même. Ce que je sais, cependant, c'est que, plus que tout autre, elle est fidèle à ses instincts les plus profonds. Elle ne perd pas de temps à regretter ce qui aurait pu être: elle est trop occupée à vivre. Le passé l'occupe beaucoup moins que l'avenir.

C'est son amour passionné de la vie qui lui insuffle son énergie et fait qu'elle n'a pas d'âge. Si jamais sa santé l'oblige à ralentir le rythme, je suis sûr qu'elle trouvera encore plein de choses à faire, des univers à explorer et des gens à aimer. Je me dis souvent que je suis très chanceux d'avoir une amie comme elle, non seulement parce qu'elle me donne de la joie et me met sans cesse au défi, mais parce qu'elle est le modèle parfait d'une vie vécue intensément dans l'amour.

♥

Chaque jour de ma vie je comprends davantage qu'une vie gâchée
tient à l'amour non donné, aux talents laissés en friche,
à la prudence égoïste qui refuse le risque et qui,
esquivant la douleur, prive également du bonheur.

MARY CHOLMONDELEY

Même l'amour peut mourir de négligence verbale

Louis se sent très en sécurité dans son amour pour Suzanne. Il l'aime beaucoup, et d'un amour sincère. Il lui fait des cadeaux dans l'espoir qu'ils traduisent ses sentiments sans qu'il ait besoin de parler, car les mots ne lui viennent pas facilement. Il a souvent pour elle des pensées chaleureuses et aimantes, mais ne les exprime pas car l'amour le rend muet. De toute façon, se dit-il, elle sait ce qu'il ressent. Leurs échanges ont en général trait aux petits détails de la vie quotidienne. Louis est certain que leur amour est inébranlable et n'a nul besoin d'être entretenu... jusqu'au jour où Suzanne annonce qu'elle en a assez, et qu'elle demande le divorce.

Louis apprend alors trop tard l'étendue de son erreur. Effondré, il ne comprend plus rien, croyant avoir été le mari idéal.

L'amour ne survit pas à la négligence verbale. Il s'étiole peu à peu et s'éteint doucement. Les symboles et les gages d'amour ne suffisent pas à l'entretenir, et la capacité de pardon n'est pas inépuisable. L'amour doit être exprimé, entretenu et raffermi sans cesse. S'il n'est pas dit suffisamment, il s'évanouira à coup sûr.

♥

La bonté et l'intelligence ne nous prémunissent pas toujours contre les pièges et les embûches. Rien n'écarte totalement le danger des rapports humains.

BARBARA GRIZZUTI HARRISON

Aimer même dans la mort

Il y a quelque temps, un de mes amis très proches est mort. Nous vivions depuis trente ans une précieuse relation d'amitié. Bien sûr, nous avons eu nos différends, mais nous étions bien déterminés à ce que rien ne détruise notre amitié. Je repense souvent aux aventures merveilleuses et un peu folles que nous avons vécues ensemble, à tout ce que nous avons traversé et aux liens profonds qui nous unissaient pour la vie.

Je reste convaincu que nous ne perdons pas les gens que nous aimons, même dans la mort. Ils continuent de participer à chacune de nos actions, de nos pensées et de nos décisions. Leur amour laisse une empreinte indélébile sur notre mémoire. Nous sommes réconforté par la pensée que notre vie a été enrichie par leur amour.

Bien qu'il faille un jour nous séparer de ceux que nous aimons, ce n'est pas vraiment une perte. Nous sommes devenu meilleur d'avoir aimé. Et, de cette façon, l'amour transcende tout, même la mort.

♥

Vivre dans le cœur de ceux qu'on laisse, c'est ne pas mourir.

THOMAS CAMPBELL

Le prévisible et l'amour

Parce que le comportement humain est imprévisible et changeant, l'amour n'offre aucune garantie. Nous évoluons, nos perspectives, nos orientations et nos besoins changent. Le changement est inévitable.

Mais le changement, si profond soit-il, reste souvent subtil; il peut passer inaperçu jusqu'au jour où nous découvrons, tout à fait abasourdi, que la personne en qui nous avons investi une si grande partie de notre vie est devenue quelqu'un d'autre. Nous restons perplexe: qu'est-il arrivé? Peut-être n'est-ce qu'un mauvais moment à passer, une période de crise. Nous avons du mal à accepter que la personne que nous aimons ait changé, imperceptiblement, sans que nous en ayons eu connaissance.

Les rapports humains comportent toujours un élément de risque et d'incertitude. Ceux qui trouvent cette réalité déconcertante ont tendance à prendre leurs amours à la légère. Par contre, ceux qui savent accepter les comportements imprévisibles même chez les êtres les plus proches se réjouissent de découvrir une nouvelle facette de leur personnalité, jusqu'alors inconnue, au lieu d'y voir le signe inquiétant d'un état second. Du reste, tout ce qui est prévisible devient vite ennuyeux.

♥

Courez le risque! La vie est un risque.
L'homme qui va de l'avant est en général celui qui agit et qui ose.

Dale Carnegie

L'amour se rapporte beaucoup moins au passé qu'à l'avenir.

Surmonter l'adversité grâce à l'amour

L'adversité appelle l'action. L'action aimante crée des solutions. La profondeur de notre amour se révèle dans la façon dont nous abordons les problèmes et les frustrations. Facile d'être jovial et positif lorsque tout va bien. Mais quand tout bascule et que nous perdons pied, il faut pouvoir compter sur nos réserves de force.

L'amour fabrique les meilleurs survivants, ceux qui ne perdent pas de temps à se demander: «Pourquoi moi?» mais se disent plutôt: «Que faire maintenant?» Car la première de ces questions ne mène qu'à l'impasse tandis que la seconde pousse à l'action sans apitoiement ni blâme inutile. L'adversité ne tue pas l'amour et se révèle même un agent de transformation et de survie.

♥

Impossible de prévoir ce qu'il adviendra de nous dans l'étrange pot-pourri qu'est la vie. Mais nous pouvons décider de ce qui se produit en nous... de notre façon d'y réagir, de ce que nous en ferons... et c'est ce qui compte à la fin.

JOSEPH FORT NEWTON

L'amour et la foi

Sans la foi il n'y a pas d'amour. L'amour, comme la foi, exige de croire sans preuves. Dans l'ordre des choses spirituelles, il n'y a pas de certitude, car la foi se situe au-delà de la raison et de l'évidence, et l'amour surplombe tout.

S'il nous en faut, cependant, il y a dans la vie de tous les jours de nombreuses preuves de l'existence de l'amour: nous plantons une semence, et elle devient une fleur; nous touchons un être, et sa force se déploie; nous essuyons une larme et retrouvons le goût du sourire.

Nous accueillons réellement l'amour le jour où, dans la profondeur de notre cœur, nous en acceptons la réalité. L'amour n'a pas de sens si nous le remettons constamment en question et exigeons qu'il soit sans cesse validé. Pascal a dit: «La foi est différente de la preuve: cette dernière est humaine, alors que la première est un don de Dieu.»

♥

On ne voit bien qu'avec le cœur. L'essentiel est invisible pour les yeux.

ANTOINE DE SAINT-EXUPÉRY

Le rôle de la beauté dans l'amour

S'il est vrai que l'amour introduit la beauté dans notre vie, il est vrai aussi que la beauté enrichit notre amour. L'un optimise l'autre, et vice versa.

Existe-t-il quelqu'un d'assez insensible pour rester étanche à la beauté qui nous entoure? Cette beauté si grande, si frappante, dans toute chose, même la plus banale. Il suffit d'ouvrir les yeux pour l'apercevoir.

La beauté ravive l'ordinaire. Elle affine l'esprit, enrichit le cœur et nourrit l'âme. La beauté perçue, appréciée et partagée est toujours une expression d'amour.

♥

Que vous alliez au bout du monde en quête de la beauté,
il faut la porter en soi pour la trouver.

RALPH WALDO EMERSON

Rendre son amour sensible

À l'époque où j'enseignais à l'université Southern California, il s'est produit dans ma classe un incident que je n'oublierai jamais. Un de mes élèves a appris de ses médecins qu'il était atteint de dystrophie musculaire progressive et terminale. On ne lui donnait aucun espoir de guérison. Les médecins ne l'ont assuré que d'une chose: ils feraient tout en leur pouvoir pour lui rendre les derniers mois de sa vie le moins pénibles possible. En dépit de cette nouvelle dévastatrice, il a gardé le moral. Il voulait vivre les derniers jours de sa vie d'une façon aussi normale que possible. À la fin, il venait aux cours sous sédation, confus et manifestement anxieux. Quand il est devenu évident qu'il ne pourrait plus venir aux cours, il nous a fait une demande peu commune. Il a demandé à tous ses compagnons de classe de l'embrasser une dernière fois.

Aucun sentiment, si bien exprimé soit-il, ne semblait avoir autant de signification pour ce jeune homme que ces brefs moments de tendresse. Cet incident nous a rappelé la fragilité de la vie et l'importance de rendre son amour sensible, sans égard à l'âge ou à l'état de santé.

Ne pas manifester son amour, c'est priver les autres du meilleur de soi-même. Agir ainsi, ne serait-ce qu'un jour, amoindrit nos rapports humains. Le faire toute sa vie est une tragédie humaine incommensurable.

♥

Que celui qui désire rendre les autres heureux se hâte de donner tandis que son don peut encore être apprécié, et qu'il sache que chaque minute de retard réduit la valeur de sa bonne action.

SAMUEL JOHNSON

Le pardon commence là où s'arrête le blâme

Je regardais deux enfants se quereller l'autre jour. L'objet de la querelle était sans importance, comme c'est souvent le cas. Le dialogue était à peu près celui-ci:

«Imbécile!

— Toi-même.

— Pas autant que toi!

— Ah oui? C'est toi qui le dis!»

Puis ils ont tourné les talons et sont partis chacun de son côté. Dix minutes plus tard, comme je repassais au même endroit, ils jouaient ensemble de nouveau, toute querelle oubliée. Pas de rancune, pas d'orgueil blessé, pas de blâme, pas de récriminations, pas de ressassement du passé. Il y avait eu échange franc et honnête de propos furieux, suivi d'une période d'accalmie, puis tout était oublié.

Les enfants savent mieux pardonner que les adultes. En grandissant, nous semblons devenir spécialistes de la rancune et de l'aigreur. Nous gardons à l'esprit un répertoire de tous les torts qui nous ont été faits et nous tenons prêts à l'utiliser en tout temps comme munitions. Nous défendons nos opinions avec ardeur, dans le sentiment absolu d'avoir raison. Nous sommes bien déterminés à gagner toutes les batailles et, en cas de défaite, nous planifions sans tarder notre revanche.

Pour pardonner, il faut pouvoir s'identifier aux autres, et savoir admettre ses imperfections et sa propension à l'erreur.

♥

On pardonne tant que l'on aime.

La Rochefoucauld

En amour, il suffit d'être soi-même

Réussir à être soi-même dans un monde où tout un chacun cherche à nous refaire: voilà un défi de taille. La réprobation d'autrui est un moyen de dissuasion puissant, mais elle ne devrait pas suffire à nous convaincre de rester en deçà de nous-même. Pour accéder au bonheur, il faut tôt ou tard s'affirmer pour ce qu'on est. Il n'y a pas, à mon avis, de droit humain plus fondamental.

On me dit souvent que je suis de compagnie agréable, parce que je semble être toujours moi-même. C'est un beau compliment. Je réponds que j'ai essayé pendant des années d'être quelqu'un d'autre, mais que ça n'a pas marché.

Si nous voulons être traité pour ce que nous sommes, il faut préciser en quoi cela consiste.

♥

Il y a, dans nos heures les plus saines, un état de conscience, une pensée qui s'élève, indépendante, détachée de tout le reste, calme, comme les étoiles, brillant de toute éternité. C'est la pensée de l'identité — la vôtre pour vous, qui que vous soyez, la mienne pour moi...
Les credo, les conventions s'estompent alors et perdent toute signification devant cette idée toute simple.

WALT WHITMAN

Vainqueur ou victime

Nous pouvons acquérir la maîtrise de notre vie ou perdre un temps précieux à subir notre sort dans la peau d'une victime.

Une de mes bonnes amies me disait récemment dans quelle stupeur elle se trouve depuis que son mari l'a quittée. La sécurité et la routine dans lesquelles elle vivait depuis des années se sont tout à coup évanouies, et elle se retrouve face à l'inconnu, avec un moi en lambeaux. Elle disait que, pendant des mois, elle s'était sentie si furieuse et blessée qu'elle en était incapable de prendre la moindre décision, et s'étonnait d'entendre sa famille et ses amis lui conseiller d'essayer du nouveau, de se faire de nouveaux amis, de cultiver des talents mis en veilleuse, et même de songer à de nouvelles amours.

Piégée par la désolante volonté de comprendre ce qui lui était arrivé et de répartir le blâme, elle n'allait nulle part, sauf peut-être vers la dépression. Elle refusait de comprendre que sa perception négative d'elle-même l'empêchait de revenir à la vie. Il a fallu des mois de temps perdu et d'énergie gaspillée avant qu'elle se rende à l'évidence qu'il valait mieux continuer que s'accrocher.

Il n'y a aucune raison de penser que «fin» est synonyme d'«échec». Une perte d'amour est toujours dévastatrice, mais c'est l'occasion d'aérer des pièces mal ventilées, de repenser ses valeurs, de s'offrir un nouveau départ. Une relation de couple peut devenir stagnante, s'étioler et mourir, mais la vie et l'amour continuent.

♥

Nous ne faisons pas d'erreurs. Nous faisons des apprentissages.

Anne Wilson Schaef

Avoir la faculté d'aimer
est une chose,
en avoir la capacité
en est une autre.

Changer au nom de l'amour

À moins que nous soyons disposé à changer, nos chances de vivre un amour durable sont minces. Lorsque deux personnes, relativement étrangères l'une à l'autre, font l'engagement de s'unir, chacune contribue à cette union par son histoire, ses convictions et ses habitudes. Il y aura toujours des éléments incompatibles. Pour que le couple survive, chacun devra faire des compromis, s'adapter et faire preuve de souplesse.

Pour y arriver, il faut entre autres s'écouter soi-même plus souvent; s'entendre prononcer des déclarations massues: «Il faut me prendre comme je suis» ou «ce n'est pas à mon âge qu'on change» ou «c'est comme ça, je n'y peux rien» ou «je ne peux pas» ou «je ne veux pas» ou «ce n'est pas mon problème». Les linguistes expliquent qu'un tel langage est dangereux, car on risque de devenir la personne que l'on décrit et de s'imposer ainsi des limites infranchissables.

L'amour ne prendra jamais toute sa dimension dans notre vie si nous insistons pour nous imposer ainsi des barrières. Tant que nous refusons d'envisager d'autres solutions et tant que nous blâmons les autres pour nos problèmes, nous jouons à la victime démunie et sans espoir. Et nous repoussons les personnes mêmes dont nous voulons nous rapprocher.

♥

Je ne connais rien de plus encourageant que la capacité intarissable de l'homme de s'élever par l'entreprise consciente.

Henry David Thoreau

L'amour est aussi douleur

Il est difficile d'imaginer que la douleur puisse avoir quelque chose de bon. Dès qu'elle se manifeste, nous cherchons immédiatement le soulagement. Nous nous jetons sur les pilules, l'alcool, la nourriture, le sommeil, tout pourvu que la douleur soit supprimée, niée, tenue loin.

Mais l'amour fait courtiser la douleur. Surtout si nous abordons les autres bardé de préjugés et d'exigences. Nous voulons que l'amant soit notre meilleur ami, notre confident, l'artisan de notre bonheur, notre principale source de divertissement, un être compréhensif et toujours prêt à pardonner. Nous voulons qu'il soit loyal, émoustillant et sexy. Malheureusement, ceux qui remplissent toutes ces exigences ne se trouvent que dans les romans, ou encore au ciel. Ils sont rares sur cette terre. Si nous acceptons cette réalité, nous savons d'avance que nos attentes ne seront pas toutes comblées et que, par conséquent, nous connaîtrons une certaine douleur.

Mais la douleur est un grand maître. Tout comme la douleur physique mobilise les défenses et signale l'existence de maladies, la douleur émotionnelle peut nous éveiller au fait que quelque chose ne va pas dans notre vie et qu'il faut y voir. À défaut de prendre l'avertissement au sérieux, nous risquons de voir la douleur intérieure prendre vite des proportions inouïes.

Le jour où nous saurons accueillir la douleur, la peine et la déception comme nous accueillons la joie, nous serons en passe de devenir des amants authentiques.

♥

Les problèmes sont des messages.

SHAKTI GAWAIN

Il faut de la maturité pour aimer

J'en suis venu à la conclusion que la maturité a bien peu à voir avec l'âge. Certains enfants ont davantage de sensibilité et un sens plus aigu des responsabilités que les personnes chargées de leur éducation.

La maturité ne correspond pas à la seule maturation physique. Elle exige non seulement un certain degré d'évolution intellectuelle, mais aussi une bonne part de sensibilité émotionnelle. Il faut assez de courage pour relever les défis de la vie et assez d'intelligence pour accepter ce qu'on ne peut changer. Il faut s'efforcer de comprendre le comportement humain, même s'il reste déconcertant et frustrant.

Arrivé à maturité, on sait qu'il existe plus d'une voie, plus d'une solution, plus d'une conclusion.

L'amour n'exige pas la perfection. Mais il nous oblige à établir un lien entre notre être, nos convictions et nos actes.

♥

Emparez-vous de votre vie, et qu'arrive-t-il?
Une chose terrible: plus personne à blâmer.

ERICA JONG

Si l'amour semble vous avoir laissé tomber

Quiconque a aimé connaît la douleur de l'amour. Quand un rapport amoureux s'amorce, on espère trouver enfin ce que l'on cherche. Quand les désirs sont compatibles, c'est l'amour. Mais quand il y a conflit, c'est la confrontation. Même l'amour vacille lorsque la pression s'exerce sans relâche.

C'est normal de vouloir éviter les expériences malheureuses répétées. Nous devenons plus prudent et nous nous tenons loin de ce qui nous rappelle les maux qui nous ont déjà été infligés. Nous nous barricadons et croyons ainsi échapper aux périls de l'intimité.

Il y a peut-être là un certain répit, mais de courte durée. Le fait est que nous ne pouvons pas vivre à l'écart des autres, ni vivre sans amour. Quand la rupture se produit, il n'y a pas d'autre choix que de recommencer. Il faut se lever et sortir. Les amants ne viendront pas nous dénicher au haut de notre tour de conte de fées, et les chevaliers en armure rutilante ne courent plus les routes depuis longtemps. Pour revenir à la vie, rien de mieux que de la donner. Il faut le temps voulu pour recoller les morceaux, mais d'avoir vu le puzzle permet de trouver plus vite une nouvelle configuration.

Ce n'est pas l'amour qui dévaste. Comme la vie elle-même, l'amour est toujours là qui attend, toujours aussi riche de promesses.

♥

Je pense que ces temps difficiles m'ont aidé à mieux comprendre
la richesse et la beauté infinies de la vie sous toutes ses formes,
et m'ont appris que toutes ces vétilles au sujet desquelles
on se morfond n'ont vraiment aucune importance.

Isak Dinesen

Récriminer jusqu'à tuer l'amour

Pas facile d'aimer quelqu'un qui nous harcèle. Rien n'est aussi agaçant ni aussi inutile. Et pourtant, nous voyons régulièrement des gens, par ailleurs intelligents, en train de s'asticoter inlassablement, convaincus qu'il s'agit là d'un moyen de communiquer.

«Je te l'ai déjà dit cent fois!» gémissent-ils.

«Auras-tu fini un jour?» soupirent-ils.

«Je regrette d'avoir à te le rappeler, mais...»

«Ton problème, c'est que...», disent-ils d'un ton sentencieux, convaincus d'avoir raison.

Et ça continue.

Ce que ces remarques peuvent apporter, outre la culpabilité, le ressentiment ou l'animosité, m'échappe totalement. Je trouve d'ailleurs qu'il y a quelque chose de proprement sadique dans le fait d'admonester ainsi quelqu'un au nom de l'amour. La société nous punit déjà assez pour nos erreurs sans que nos proches s'y mettent à leur tour.

L'amant est là pour appliquer un baume sur nos blessures; il n'a pas pour tâche de les rouvrir sans cesse par un chapelet d'injures et de remarques cuisantes.

♥

Femme bien traitée ne harcèle pas son homme.

PROVERBE ANCIEN

L'amour et la colère

Celui qui se vante de ne jamais se mettre en colère est un menteur ou une bombe à retardement. Dans un cas comme dans l'autre, mieux vaut l'éviter. La colère, à des degrés divers, fait partie de toutes les relations humaines. Elle est inévitable et ne disparaîtra pas comme par enchantement.

Mais la colère n'est pas nécessairement destructrice si elle est exprimée honnêtement et avec créativité. Dans la plupart des cas, nous essayons de la déguiser, de la sublimer, de la supprimer ou encore de la faire bifurquer. Il s'agit là d'exutoires fréquents et parfois utiles, mais il est plus sain de se concentrer sur la cause de la colère plutôt que sur la colère elle-même. Quand la colère est reconnue comme faisant partie de l'expérience humaine, elle peut être exprimée plus sainement. En réprimant notre colère, nous risquons de la voir exploser et prendre des proportions qui n'ont rien à voir avec la provocation initiale. Elle peut alors susciter un profond ressentiment qui sera lui aussi hors de proportion.

Un adulte sait composer avec sa colère, car il comprend qu'il lui faut l'exprimer. Une fois la colère exprimée, le soulagement est immédiat et permanent. Mais la colère réprimée reste sur le cœur et trouve son expression dans la calamité.

♥

Parfois, c'est pire de gagner une bataille que de la perdre.

Billie Holiday

À défaut d'exprimer sa folie
dans la fantaisie,
on risque la démence.

L'amour ne peut être compris que dans l'action

Maman n'aurait jamais eu l'idée saugrenue de définir l'amour. Une telle suggestion l'aurait probablement fait rire. Tout ce qu'elle faisait était un geste d'amour. Elle savait donner à l'amour un caractère tangible. Son amour pour ses enfants et son mari ne faisait aucun doute. Elle nous regardait toujours avec affection, nous embrassait (malgré nos protestations) et partageait nos rires et nos larmes. Elle n'a jamais pris papa pour un saint, mais elle le traitait comme s'il avait des chances de le devenir. Le haut niveau spirituel de son amour nous était perceptible; ses gestes, ses pensées et ses actes étaient la constante affirmation de la présence de Dieu.

L'amour, pour maman, n'était pas une chose à laquelle on réfléchit ou dont on parle. C'était quelque chose à inscrire dans l'action. Elle nous montrait, comme Mère Teresa, que l'amour peut vouloir dire balayer un plancher, récurer un lavabo, soigner un malade ou manifester sa tendresse par un geste chaleureux.

Maman, sans le vouloir, nous a enseigné la plus profonde des vérités: que l'amour est bien plus qu'un sentiment. C'est une chose qu'il faut vivre et en fonction de laquelle il faut agir, tous les jours de sa vie.

♥

Tout ce qu'il faut pour rendre ce monde meilleur, c'est l'amour... l'amour comme le vivait le Christ, ou Bouddha.

Isadora Duncan

Des mots d'amour qui comptent

C'est une logique on ne peut plus tordue qui pousse à dire: «Parce que je te connais intimement, je peux te faire de la peine.»

Nous sommes souvent plus chaleureux et plus compréhensif avec de parfaits inconnus qu'avec notre conjoint ou nos enfants. Curieusement, nous semblons réserver notre affection la plus sincère à ceux qui n'ont pas de signification particulière pour nous. Mais dans nos rapports avec ceux que nous aimons, nous pensons ne jamais avoir à demander pardon ou à dire merci. Nous leur parlons sans peser nos mots et sans mesurer les conséquences des remarques que nous leur adressons. Souvent, les gens qui en font le plus pour nous sont ceux que nous apprécions le moins.

J'ai déjà demandé aux élèves de mon cours sur l'amour de rentrer chez eux et, tout simplement, de dire «merci» à leurs parents. Ils n'étaient pas très chauds à l'idée de faire ce travail. Ils avaient le sentiment de n'avoir pas à remercier leurs parents pour quoi que ce soit. «Les parents n'ont pas besoin de notre gratitude, ils font leur devoir. Et, de toute façon, ils savent ce qu'on pense», ont-ils protesté. J'ai néanmoins insisté, et je leur ai demandé de partager les résultats de ce travail avec le reste de la classe. En ce qui me concerne, les résultats étaient prévisibles. Mais mes élèves ont été étonnés. Presque tous ont constaté que cette simple expression de gratitude avait eu un effet magistral. Après s'être remis du choc initial, les parents étaient au comble du bonheur! Certains ont même poussé des cris de joie et de stupéfaction.

Une bonne parole, dite avec sincérité, peut faire des merveilles, surtout dans une relation dont la magie s'est estompée. Une relation humaine n'est jamais si solide qu'elle puisse se passer complètement de ces petites douceurs. Si elles valent pour de purs étrangers, elles valent sûrement pour les gens que nous aimons.

♥

La seule façon de dire la vérité est de parler avec amour.

HENRY DAVID THOREAU

Ne vous inquiétez pas pour demain

Personne n'a le pouvoir de prédire l'avenir. Et je crois que ça vaut mieux. Si l'élément de surprise et de mystère était retiré de nos vies, l'existence nous paraîtrait longue et ennuyeuse. L'incapacité de prédire l'avenir ne fait problème que si l'on s'attend toujours au pire.

Pour plusieurs d'entre nous, la gymnastique émotionnelle se réduit à une chose: sauter aux conclusions négatives. Nous dessinons des mines patibulaires à chaque fenêtre et à chaque coin de rue. Nous fuyons ainsi toutes les occasions de joie et d'enrichissement, et créons des problèmes qui n'existent pas. Nous repoussons le geste chaleureux de l'ami ou de l'amant, convaincu qu'il est motivé par des arrière-pensées. Et nous craignons qu'un geste de notre part soit aussi repoussé par l'autre. Nous ne prenons donc jamais le risque qui pourrait favoriser notre évolution personnelle.

L'avenir est l'endroit où se déroulera le reste de notre vie, et c'est à nous de décider d'avancer vers lui avec confiance et courage ou d'y aller à reculons, en craignant une catastrophe imminente. Comme demain a vite tendance à devenir aujourd'hui, nous avons tout avantage à vivre au présent et à laisser demain s'occuper de lui-même.

♥

Ne craignez pas que votre vie prenne fin,
craignez qu'elle ne commence jamais.

GRACE HANSEN

Si vous n'aimez pas tout le monde, vous n'aimez personne

Un jour que j'étais l'invité d'une émission télévisée, j'ai constaté, dès mon arrivée sur le plateau, que l'animateur ne me connaissait absolument pas et qu'il ne savait rien de mes idées. Il croyait qu'un homme qui donne un cours sur l'amour devait nécessairement être un peu toqué, et il avait décidé de traiter l'entrevue sur le ton de la plaisanterie.

«Dites-vous vraiment qu'il faut aimer tout le monde? m'a-t-il demandé d'un ton incrédule.

— Oui. Ça résume assez bien ma pensée, ai-je répondu.

— Ah bon! s'est-il écrié dans un éclat de rire. Non seulement c'est ridicule, mais c'est impossible. Je n'aime pas tout le monde. Je n'en ai même pas envie.

— C'est votre droit, ai-je rétorqué, mais qui cherchez-vous à exclure? Et pour quelle raison?»

Si verbomoteur qu'il soit, il en est resté bouche bée.

Je suis convaincu que, le jour où nous comprenons la réalité de l'amour et acceptons la vulnérabilité universelle de l'humanité, nous pouvons ressentir de l'empathie même pour ce qui n'est pas aimable.

L'amour sous-entend la capacité de reconnaître les insuffisances, les faiblesses, les peurs et la confusion chez nous-même et chez les autres. Aimer ce qui n'est pas aimable chez l'autre sera toujours un défi. Écarter les gens en raison de leurs défauts sera toujours plus facile que de rester auprès d'eux. Mais pourquoi sommes-nous plus prompt à repérer les défauts qu'à découvrir les qualités qui les rachètent?

♥

Nous aimons les gens non pas tant pour leur bonté à notre égard que pour le bien que nous leur avons fait.

Léon Tolstoï

L'amour donne confiance

N'est-il pas curieux de constater que ceux qui nous rendent le plus difficile la tâche de les aimer sont le plus souvent ceux qui ont le plus besoin d'amour? Une de mes amies me disait l'autre jour en riant que son fils adolescent met son amour à l'épreuve presque quotidiennement. J'ai répondu qu'il renoncerait bien assez vite à son t-shirt troué et à sa coupe mohawk en trois couleurs. Mais elle n'avait pas besoin que je la rassure. Elle savait depuis longtemps qu'il fallait le comprendre et lui laisser l'espace voulu pour traverser à son rythme les étapes de sa croissance. Elle savait par expérience ce qui importe le plus: une perspective souple, un cœur compréhensif, beaucoup d'amour et la confiance tranquille que tout s'arrangera avec le temps.

Bien sûr, les jeunes ne sont pas les seuls qui aient besoin de ce genre d'attitude compréhensive. Nous avons tous besoin de savoir que les autres croient en nous, ont du respect pour nous et peuvent interpréter nos comportements mouvants comme des manifestations positives de croissance.

♥

N'oubliez pas que vous avez non seulement le droit d'être un individu à part entière, vous en avez l'obligation.

Eleanor Roosevelt

Tout ce qui «va sans dire»
ou est «entendu»
entre deux amants
risque de se transformer
en une montagne de malentendus.

La coercition et l'amour

Il y a encore des gens qui croient possible d'obtenir de l'amour ou de le garder par la force. Ils imposent une myriade de «tu dois» ou de «il faut» jusqu'à ce qu'on se sente forcé de les aimer à leurs conditions au risque de les perdre. Ces «amants» veulent nous faire porter le poids de la culpabilité et de la peur jusqu'à nous faire plier l'échine. Trop souvent, ils y parviennent. Ils nous coupent les ailes, nous enferment dans une cage dorée et nous distribuent des parcelles d'amour quand le cœur leur en dit.

Thoreau disait que les oiseaux ne chantent pas au fond des cavernes. Les êtres humains non plus. Nous sommes nés libres et nous avons le droit d'être aimés sans contrainte. Tout autre aménagement n'est qu'une imitation, voire une distorsion de l'amour.

L'amour ne s'extorque pas. Il libère et nous ouvre la possibilité de vivre pleinement, sans craindre de déplaire et sans devoir sans cesse se conformer aux exigences d'un autre.

L'exercice de la force épuise. L'amour, au contraire, éveille à la conscience et donne le pouvoir d'avancer résolument vers une liberté toujours plus grande.

♥

Pour jouir de la liberté, il faut savoir se maîtriser.

VIRGINIA WOOLF

L'amour a besoin d'encouragement

L'encouragement, sincère, honnête et positif, aura toujours plus d'effet que les critiques dont nous abreuvons sans cesse les êtres qui nous sont chers. Les remarques blessantes, les accusations et les jérémiades nous attirent peut-être de l'attention, mais à quel prix!

L'autre jour, j'entendais dans un supermarché une femme réprimander son enfant: «Regarde donc ce que tu fais, grand nigaud! criait-elle. Tu fais tout tomber! On ne peut jamais compter sur toi.» On se demande quel sera l'effet cumulatif de ce message sans cesse répété.

Nous avons tous un certain degré de noblesse, et nous réagissons bien lorsqu'on nous traite avec respect. Un mot d'encouragement, donné au bon moment, peut faire des merveilles. Une phrase comme: «Tu peux y arriver!» ou «Bravo!» ou «Bon travail!» ou encore «Je suis fier de toi», ont le pouvoir de favoriser notre épanouissement. Nous pouvons tous devenir meilleurs. Un bon mot donne confiance et nous aide à grandir. La critique négative détruit et peut même ancrer dans la personnalité les comportements fautifs qu'elle cherchait justement à corriger.

♥

La bordure d'argent nous échappe souvent
parce que nous cherchons de l'or.

Maurice Setter

Vive la différence!

Nous entrons dans la vie avec un tempérament et un style qui nous sont absolument exclusifs. C'est notre contribution au monde. Vous imaginez la monotonie si nous étions tous identiques et avions des comportements toujours prévisibles? La différence est le piment de l'existence et elle contribue à faire de nous des êtres fascinants.

Certains foncent dans la vie en prenant des risques, d'autres optent pour la prudence. Certains aiment les mondanités, d'autres préfèrent la solitude. Certains sont des boute-en-train, d'autres sont pondérés. Certains abordent chaque jour avec enthousiasme, d'autres sont plus réservés. Certains sont perfectionnistes, d'autres moins attentifs au détail. En amour, nous devenons particulièrement sensible à ces différences et prenons soin de ne pas imposer nos valeurs à ceux qui se comportent autrement.

L'amour fait une place à tous et à chacun. Tant que nous serons ouvert à la différence, nous nous enrichirons. Il y a autant de façons d'aborder la vie qu'il y a de gens dans le monde. Plus nous saurons les comprendre et les accepter, plus l'amour nous apportera de plénitude.

Les Français disent: «Vive la différence!» L'amour se fait l'écho de cette expression.

♥

On peut être différent sans pour autant être dans l'erreur.

ANNE WILSON SCHAEF

L'amour et les seconds débuts

Le renouvellement est l'essence même de la vie. Un être pleinement vivant renaît chaque jour. La plus banale des expériences nous transforme. Chaque minute apporte son potentiel de nouveauté et de découverte, de réalisation de soi, et d'occasions d'aimer et d'être aimé.

Nous vivons la plus grande partie de notre vie entouré des mêmes gens. En surface, ils peuvent nous paraître toujours les mêmes, mais sous la surface, il se peut que de profondes transformations soient à l'œuvre sans que nous en soyons conscient.

Même si nous résistons au changement, on dit que dès la naissance nous nous engageons sur la route qui mène inévitablement à la mort. Notre corps subit des transformations radicales; il est normal qu'il en soit de même pour notre esprit, nos goûts, nos opinions, nos convictions et nos rêves.

Les amants savent qu'il ne faut présumer de rien en ce qui concerne la personne aimée. Il faut laisser chaque personne, chaque objet, chaque jour, chaque moment raconter son histoire. Nos sens nous trahissent parfois, mais l'amour nous invite à accueillir une longue suite de recommencements.

♥

Les gens changent et ne se le disent pas toujours.

Lillian Hellman

L'amour et la patience

Rien ne nourrit l'amour mieux que la patience. C'est cette qualité qui nous permet d'attendre, de comprendre, d'espérer. Mais elle semble trop souvent oubliée dans ce monde d'aujourd'hui où la précipitation est de rigueur.

La patience est une marque de maîtrise de soi et de calme contemplatif face aux déceptions et aux échecs. Mais nous voulons de l'action, des solutions, des réponses, et nous les voulons tout de suite. Voilà qui entraîne bien des jugements hâtifs tout en donnant lieu à des chagrins et à des désespoirs qui pourraient être évités.

En amour, les réponses les plus fondamentales nous sont révélées peu à peu, dans un climat d'espoir et en l'absence de précipitation. Bien des problèmes ne sont en fait que des ombres qui s'évanouissent à la lumière de la patience. Les gens qui aiment bien et qui aiment longtemps ont appris à accepter tant les moments difficiles que les moments de joie sublime.

La plus grande récompense de la patience est un amour qui perdure.

♥

Pour aimer, il faut comprendre que l'objet aimé pourrait être perdu.

G. K. Chesterton

Se tourner vers la lumière

Les amants se détournent du négatif pour se concentrer sur la beauté, la bonté et la joie. Tout en sachant qu'il existe un côté sombre de la vie, ils évitent de se tourner vers lui. L'obsession pour tout ce qui va mal dans le monde nous aveugle à ce qui est bon et bien. En revanche, la lumière rend les solutions plus visibles.

La beauté et la bonté sont de valeureux combattants de la laideur et du mal. Les gens négatifs cherchent (et trouvent) la confirmation du négatif, mais les gens positifs cherchent et trouvent la légèreté de l'être. Les deux existent bien réellement et seront toujours de ce monde. La différence tient à une simple décision et à un petit geste de rien du tout: ouvrir les yeux.

♥

Les comportements à saveur sociale, y compris l'altruisme,
nous paraissent si normaux qu'ils passent presque inaperçus,
mais leur absence ou leur contraire nous frappe.
La cruauté attire l'attention, mais la bonté reste invisible.

MORTON HUNT

S'amuser en amour

Le premier amour est souvent une période de notre vie qui nous mobilise entièrement. Nous en perdons l'appétit et le sommeil, et notre esprit, occupé par l'amour, ne fonctionne plus normalement, sauf en ce qui concerne notre amour. Nous nous sentons délicieusement malheureux, en plein dérapage. Tout nous paraît magnifique et parfait. Nos jours sont magiques, pleins de tendresse, de rire et de surprise. Puis le temps passe, et tout ce qui faisait de l'amour un sentiment si particulier s'estompe. Nous nous demandons: «Où est passé le plaisir d'aimer? Qu'est-ce qui a bien pu me faire penser que c'était agréable? Où la joie s'est-elle enfuie?» Le plaisir s'est presque entièrement évaporé, remplacé par les règles qui régissent un comportement adulte bien rangé. L'impétuosité et la spontanéité sont devenues les victimes de la logique et du sens des responsabilités.

Mais l'amour n'a pas à être si sérieux. Le plaisir d'aimer reviendra dès que nous serons disposé à transcender le prévisible pour retrouver la forme de pensée paradoxale et illogique qui caractérise l'amour.

Nous restons fidèle à l'idéal de l'amour quand nous refusons d'oublier le rire, l'humour et la surprise qui faisaient si intimement partie de notre première expérience de l'amour.

♥

En voulant gagner, nous envisageons la perte.
En pensant à la perte, nous constatons que nous sommes seul.
Voyant que nous sommes seul, nous souhaitons jouer.
En nous mettant à jouer, nous nous ouvrons à l'amour.

O. Fred Donaldson

L'excellence
est la recherche
de la perfection,
non sa réalisation.

Le besoin est différent de l'amour

Nous aimons tous sentir que les autres ont besoin de nous, mais la situation peut devenir pénible si le besoin se révèle désespéré. L'amour tient en partie à la joie de partager la vie avec des gens qui nous aiment et nous soutiennent même lorsque nous avons tort, ou que tout va mal. Mais le besoin devient névrotique quand l'autre se sert de nous pour combler son vide intérieur. Personne ne veut prendre en charge l'être qui se donne totalement. Le fardeau est trop lourd.

Heureusement, l'amour se nourrit lui-même. Nous nous réalisons par nos propres efforts. Le besoin névrotique traduit un manque qui semble ne pouvoir être comblé que par l'autre. Mais aimer veut dire se tenir sur ses deux jambes, compter sur soi, aller son propre chemin. Nous pouvons à l'occasion avoir besoin de l'aide d'un autre, mais il ne faut pas attendre des autres qu'ils comblent des besoins que nous sommes seul à pouvoir satisfaire.

♥

L'engagement émotionnel est très difficile,
mais vivre seul s'avère impossible.

Stephen Sondheim

L'amour est une question d'attitude

L'important n'est pas ce qui nous arrive, mais comment nous y réagissons. Les propos et les comportements des autres, les catastrophes naturelles, le vieillissement inévitable et la mort: voilà autant de réalités auxquelles nous ne pouvons absolument rien. Par contre, nous pouvons intervenir à volonté sur nos façons de réagir à toutes ces choses.

Il faut prendre la pleine responsabilité de nos convictions, de nos attitudes et de nos comportements. Si nous sommes privé d'amour, par exemple, ce n'est pas que la vie nous joue un mauvais tour, mais plus probablement que nous avons pris la décision de repousser l'amour. Il est plus facile de se croire victime d'un sort cruel que d'accepter sa part de responsabilité. Mais la vérité, c'est que nous en sommes au moins partiellement responsable, et qu'en le reconnaissant nous prendrons des mesures propices à ramener l'amour dans notre vie.

Un koan zen dit: «Ma grange ayant brûlé, je vois maintenant la lune.»

La destruction de la grange est-elle une catastrophe ou un avantage? Vous avez raison si vous croyez avoir raison.

♥

Rien n'est bon ou mauvais, c'est la pensée qui décide.

WILLIAM SHAKESPEARE

L'amour est immortel

La mort est l'agent ultime de l'égalité entre les hommes: elle nous réduit tous à un destin commun. Tout ce qui nous distingue, ce sont les souvenirs que nous laissons derrière nous.

Après la mort de mon père, mon neveu a dit une chose qui m'a profondément touché. Il a dit, tout simplement mais avec détermination: «Grand-papa n'est pas mort. Je ne vais pas le laisser mourir!»

La vérité, n'est-ce pas, sort de la bouche des enfants. Tant que quelqu'un nous aime, nous restons vivant. Les souvenirs nous rendent immortel. En vérité, l'amour survit même aux souvenirs.

♥

Vivre dans le cœur de ceux qu'on laisse, c'est ne pas mourir.

THOMAS CAMPBELL

L'évolution des rôles

Quand j'étais petit, le rôle des hommes et des femmes était très clairement délimité, pour le plus grand malheur des uns et des autres. L'homme était l'agresseur, le pourvoyeur, le protecteur, celui qui n'avait pas d'émotions. La femme devait céder davantage, être plus démunie, tout en étant la nourricière. Tout écart par rapport à ces rôles bien tranchés était très mal vu.

Personne ne remettait ces rôles en question, même s'ils étaient parfois incommodants. La division était si nette et si complète qu'elle semblait aller de soi, à tel point que les tests psychologiques se fondaient sur ces mêmes préjugés. Les hommes ne devaient pas prendre de plaisir à l'opéra ou au ballet, et les femmes ne devaient pas s'intéresser à la gymnastique, au basket-ball, ni vouloir occuper un poste de haut niveau dans une entreprise.

Comment s'étonner que des notions aussi périmées et aussi farfelues n'aient pas survécu à l'examen attentif d'une société plus éclairée? Plus nous les analysons, plus elles nous paraissent incroyables. Pourquoi les hommes ne pourraient-ils pas pleurer, cuisiner ou aimer l'opéra? Pourquoi les femmes ne pourraient-elles pas gagner leur vie, faire de la musculation ou aimer le hockey?

L'amour fait fi des rôles. Il invite les hommes et les femmes à découvrir leurs véritables besoins, leur véritable identité, et à s'exprimer, chacun en tant qu'être humain unique au monde. Nous en profitons tous, non seulement parce que nous avons ainsi plus de liberté, mais aussi parce que notre amour est plus éclairé, ce dont nous pouvons être fier.

♥

La plus grande découverte de ma génération est que les êtres humains peuvent transformer leur vie en modifiant leur façon de penser.

William James

Un amour rendu sensible

La plupart d'entre nous menons une vie tranquille, sans tambour ni trompette. Sans doute n'organisera-t-on jamais une grande parade pour nous rendre hommage, et aucun monument ne sera érigé à notre mémoire. Mais il ne faudrait pas en conclure que nous ne laisserons aucune trace de notre passage sur terre, car bien des gens attendent de rencontrer quelqu'un comme nous. Des gens qui sauront apprécier notre compassion, nos encouragements, qui auront besoin des talents que nous seul possédons. Des gens dont la vie sera plus heureuse parce que nous aurons pris le temps de partager avec eux ce qui nous a été imparti.

Trop souvent, nous sous-estimons la valeur d'un geste, d'un sourire, d'un bon mot, d'une oreille attentive, d'un compliment honnête, d'un petit mouvement d'affection, et pourtant tous ont le pouvoir de transformer une vie. Pensons à toutes les occasions qui nous sont données de rendre notre amour sensible: nous en serons stupéfié.

♥

Rendre service, ce n'est pas une grosse affaire,
c'est un million de petites choses.

ANONYME

Ceux qui pensent
tout savoir
n'ont aucune chance
de découvrir
ce qu'ils ne savent pas.

Vous êtes ce que vous faites

Si tous ceux qui prétendent être des amants décidaient de le prouver par des actes, notre monde irait beaucoup mieux. Nous savons tous que, pour vraiment connaître quelqu'un, il faut s'intéresser moins à ce qu'il dit et plus à ce qu'il fait. Voilà pourquoi aimer est un verbe. Ce qui se passe en nous se révèle au dehors par ce que nous faisons.

Si nous aimons vraiment, comment le montrer? Comment manifester l'amour que nous ressentons pour notre famille ou nos enfants? Comment montrer que nous nous soucions vraiment de la faim dans le monde, de la pauvreté, de la solitude, de la violence? Si notre amour ne trouve aucune manifestation tangible, c'est peut-être qu'il y a lieu de le mettre en doute.

Un jour que je voyageais en avion, j'ai pris place aux côtés d'un homme qui n'a pas cessé de se plaindre pendant toute la traversée du continent. Les agents de bord étaient incompétents, la nourriture infecte, les sièges trop étroits, le film sans intérêt. Puis il s'est attaqué à des sujets plus vastes: le gouvernement était corrompu, la société allait à vau-l'eau, personne n'était digne de confiance, etc. Dans la conversation, j'ai mentionné que l'amour était mon champ d'intérêt et d'étude. Il s'est tout de suite montré réceptif: «Mais c'est magnifique! Voilà ce dont notre monde a besoin: de l'amour!» a-t-il déclaré. Puis, sans transition, il a ajouté: «Heureusement qu'il y a encore dans le monde des gens comme vous et moi qui comprennent ça!»

♥

C'est à leurs fruits que vous les reconnaîtrez.

MATTHIEU 7,16

Faire des erreurs

Certains d'entre nous ont la peur maladive de faire des erreurs. Ils agissent comme si leurs erreurs, comme une tache d'encre, allaient s'imprégner à jamais dans la texture de leur être, pour ne plus jamais s'effacer. En pareil cas, la moindre décision prend des allures d'expérience traumatique. Certains, totalement paralysés, en sont réduits à l'inactivité et à l'indécision.

Il y a, par contre, ceux pour qui les erreurs sont une occasion d'apprentissage. Ceux-là, quand ils font une erreur, ne souffrent pas mille morts et ne perdent pas confiance en eux.

Il faut se rappeler que tout le monde fait des erreurs, même les plus sages et les plus sensibles parmi nous. Il en sera sans doute toujours ainsi. Alors, détendez-vous, acceptez vos imperfections et venez donc grossir les rangs de la race humaine!

♥

Une vie consacrée à faire des erreurs est non seulement plus honorable, mais elle est plus utile qu'une vie passée à ne rien faire.

George Bernard Shaw

La dignité

Lorsque nous vivons dans un esprit de saine dignité, il n'y a pas de limite à ce que nous pouvons faire. Quand tout paraît possible, la réussite va de soi.

Personne ne sait mieux que nous ce qui est essentiel à notre propre croissance et à notre bonheur. Ceux qui gèrent eux-mêmes leur vie ne comptent pas sur l'intervention des bonnes fées ni sur l'alignement favorable des planètes. Ils s'appuient sur la connaissance, l'expérience, le travail, la confiance en soi et l'optimisme pour atteindre leurs objectifs.

Nos rêves ne connaîtront pas d'obstacles tant que nous saurons placer la source de notre bonheur en nous-même. Nos désirs deviendront réalisables le jour où nous serons convaincu qu'ils peuvent se réaliser, pas avant.

♥

Que vous pensiez pouvoir ou ne pas pouvoir, vous avez raison.

HENRY FORD

Survivre aux conflits

Nous réussissons mieux à faire face aux grands conflits mondiaux qu'à régler nos petits problèmes interpersonnels. Quand la vie n'est plus que contradiction et frustration, nous nous trouvons souvent tristement démuni et incapable de trouver une solution. Nous voudrions nous laisser guider par la raison, mais nous sommes dominé par nos passions. Nous entrons en lutte contre nous-même — un conflit dont personne ne sort victorieux.

Nous restons esclave de nos sentiments tant que nous n'apprenons pas à mieux les comprendre et à mieux les dominer. Les émotions, sans la raison, ne mènent qu'à la confusion et au désordre.

Nous n'avons pas sans cesse à nous excuser des émotions que nous ressentons. L'amour jaillit des émotions, mais il est nourri par l'intellect. Bien équilibrés, ces deux ingrédients essentiels à l'amour en garantiront la croissance et la survie.

♥

La tête ne règne jamais sur le cœur, mais ensemble,
ils peuvent former une association de malfaiteurs.

MIGNON MCLAUGHLIN

Amour et coopération

Nous avons besoin les uns des autres. La réussite est impossible dans la solitude. Car à quoi bon réussir si personne n'est là pour reconnaître notre victoire et la célébrer avec nous?

Nous avons besoin du soutien des êtres que nous aimons, et eux ont besoin de nous. Nous vivrons mieux, plus sainement et plus longtemps en travaillant ensemble qu'en nous tenant à l'écart. L'autosuffisance totale est une illusion égocentrique. Il y a plus de force dans la coopération. En apprenant à connaître ce dont l'autre a besoin, nous pouvons découvrir comment lui venir en aide. Et nous découvrirons qu'il est impossible d'enrichir la vie d'un autre sans en bénéficier soi-même.

♥

Être ensemble, c'est un début. Rester ensemble, c'est un progrès.
Travailler ensemble, c'est une réussite.

ANONYME

L'amour est un prix remporté par les forts

Il faut beaucoup de courage pour aimer. Bien que l'amour soit souvent perçu comme une activité sans effort, quiconque a aimé sait qu'il s'agit là d'une fausseté monumentale. Par sa nature même, l'amour exige de braver le rejet, de surmonter les obstacles, de vaincre nos faiblesses et de mettre à profit la totalité de nos ressources. Si nous subissons le rejet, il faut assez de courage pour se relever et tenter de nouveau sa chance. Si nous sommes blessé, il faut avoir confiance en la guérison. Si nous sommes malheureux, il faut trouver en nous-même assez de dignité pour continuer.

Si nous avons le courage d'affronter tous les obstacles rencontrés en route, nous ferons davantage que réagir, nous deviendrons un acteur de notre vie, capable d'en fixer la trajectoire.

♥

On ne choisit pas la façon ni le moment de mourir.
On décide uniquement de sa façon de vivre. Maintenant.

JOAN BAEZ

Le succès en amour

En amour, il n'y a pas de succès instantané, car en ce domaine, comme en bien d'autres, le succès ne peut être déterminé qu'après le fait. Dans certains cas, le succès vient petit à petit, une étape à la fois, chaque pas venant enrichir le précédent et préparer le suivant.

Si certaines rencontres sont écrites dans le ciel, c'est sur terre qu'il faut les vivre. Dans les moments d'indifférence et de froideur, il faut beaucoup d'effort et un engagement profond pour que l'amour survive. Il y a évolution lorsque deux personnes choisissent d'avancer dans l'amour, sans cesser de grandir, même lorsque la direction à prendre semble imprécise.

C'est dans l'après-coup seulement qu'on voit se dessiner la véritable histoire de l'amour, mais nous la créons au jour le jour, chaque année, chaque mois, chaque jour, chaque heure, maintenant!

♥

Si vous voulez que le présent et l'avenir soient différents du passé, nous dit Spinoza, étudiez le passé, découvrez les causes qui en ont fait ce qu'il est, et faites intervenir d'autres causes.

WILL ET ARIEL DURANT

L'amour et les larmes

N'est-ce pas agréable quand la science confirme une intuition entretenue de longue date? Par exemple, j'ai lu récemment une étude sur la capacité des humains de pleurer. Une recherche scientifique a montré que les larmes contiennent une substance chimique aux propriétés analgésiques et que, par conséquent, il ne faut pas hésiter à pleurer lorsque nous ressentons de la douleur.

Quand nous traversons une dure épreuve, nous savons tous à quel point il est inutile de se faire rappeler que «tout passe», qu'il faut être brave ou que l'amour finit par tout guérir. En attendant, rien de plus satisfaisant qu'une bonne crise de larmes.

♥

Ceux qui ne savent pas pleurer de tout leur cœur
ne savent pas rire non plus.

GOLDA MEIR

À croire que le moment propice
à l'amour viendra sûrement,
mais plus tard,
on se condamne à
une vie entière de regrets.

Le visage de l'amour

Si vous craignez de ne pas trouver les bons mots, voici qui vous rassurera. Le psychologue Albert Fehrabian estime que la communication est verbale à sept pour cent, vocale à trente-huit pour cent et faciale à cinquante-cinq pour cent. Les mots que nous utilisons, estime-t-il, en disent moins long que les expressions de notre visage.

Je me souviens très bien d'avoir appris, dans l'enfance, à décoder l'expression du visage de mes parents, car il y allait parfois de ma survie. Papa avait une façon de sourire qui se transformait en une aura de satisfaction dont l'interprétation ne laissait aucun doute. Mais lorsqu'il fronçait les sourcils et fermait à moitié les yeux, nous savions tous qu'il fallait se tenir bien tranquilles. Maman avait une façon de lever les yeux au ciel et de hocher la tête qui nous faisait comprendre que l'heure était venue de nous taire. Tous deux avaient aussi des façons merveilleuses de nous communiquer leur amour que je retrouve encore quand je repense à leurs visages.

Il faut songer à ce qu'exprime notre visage lorsque nous parlons ou réfléchissons. Quand je rencontre mes amis, je leur demande toujours comment ils vont. Souvent, ils répondent «Très bien!» mais avec une mine morose. J'aurais alors envie de leur dire: «Pourquoi ne le dis-tu pas à ton visage?»

♥

Le monde est un miroir qui renvoie à chacun
le reflet de son propre visage.

William Thackeray

Le don d'amour

L'amour est toujours accordé sous la forme d'un don — librement, délibérément et sans attente préconçue. Il est offert même quand il n'est ni accueilli ni apprécié. Nous n'aimons pas être aimé, nous aimons aimer.

♥

Celui qui veut faire le bien frappe à la grille.
Celui qui aime trouve la grille ouverte.

RABINDRANATH TAGORE

Éduquer pour l'amour

J'entendais récemment un éducateur professionnel se plaindre de la triste situation de l'enseignement. Il s'adressait à de jeunes adultes et voulait les sensibiliser aux exigences de demain. Il disait des choses très sensées, mais il me semblait dresser un tableau incomplet de la situation, ce qui m'a laissé songeur. Il disait que le savoir doublait tous les trois ans et que les éducateurs étaient incapables de se maintenir à jour. Mais il oubliait de dire que les adultes de demain auront plus que jamais besoin d'être capables d'aimer. Il n'a rien dit sur la nécessité de cultiver sa sensibilité, son sens des responsabilités, son engagement à l'égard des autres ou de l'environnement.

Je me disais que si le savoir est si vite périmé c'est qu'il est en grande partie transitoire. Il faudrait dire à nos enfants que la totalité du savoir ne devient pas caduque du jour au lendemain, et que certaines vérités transcendent le contenu de nos livres et l'évolution de nos croyances. L'enseignement des technologies les plus récentes ne doit pas primer sur l'enseignement de la bonté, de la sensibilité, de la générosité, de la spiritualité et de l'amour. Voilà des valeurs qui restent fixes, qui sont essentielles à la survie des êtres humains comme à leur succès technique, même dans le monde en pleine mutation qui est aujourd'hui le nôtre.

♥

Ne soyons pas, pour l'histoire future, la génération qui aura détruit le riche héritage de vie qui s'était élaboré sur terre pendant des millions d'années.

CHARLES A. LINDBERGH

L'assurance de l'amour

J'ai entendu parler d'une femme bien déterminée à se venger d'un mari négligent. Elle se sentait trahie, abandonnée, laissée pour compte. Comme elle n'était pas du genre à ventiler sa frustration par des propos malveillants ou venimeux, elle a décidé d'inonder son mari d'affection et de gentillesses, de l'étouffer sous l'amour et la bonté.

Son projet a eu des effets surprenants. Son mariage a pris une toute nouvelle tournure. Parce qu'elle manifestait davantage son intérêt et son affection, son mari en a fait autant. Soudain, ils ont tous deux découvert ce qui avait manqué jusque-là dans leur relation: l'assurance constante de l'amour de l'autre.

L'amour est toujours rendu plus manifeste par des démonstrations continuelles.

♥

La bonté en paroles crée la confiance. La bonté en pensées crée la profondeur. La bonté dans le don crée l'amour.

LAO TZU

La douceur et l'amour

Thomas d'Aquin, qui en savait long sur le sujet de la douceur, disait que, pour amener quelqu'un à penser comme soi, il faut aller vers lui, le prendre par la main et le guider. Pas se tenir à distance et crier contre lui; pas le traiter de tous les noms et exiger qu'il vienne nous trouver. Il faut commencer là où l'autre se trouve. C'est le meilleur moyen, affirme-t-il, d'amener l'autre à repenser son point de vue et, parfois, à le modifier.

S'il est vrai que la plupart des gens ont du respect pour la force, peu l'associent à la douceur. Mais la douceur jaillit toujours de la force. C'est la force qui nous apprend à ne pas condamner la faiblesse, la peur ou la colère. C'est la force qui nous donne de l'empathie, qui nous rend plus souple et nous permet de faire des concessions. Si nous voulons vraiment faire entrer quelqu'un dans notre cœur et notre esprit, un peu de douceur exercera beaucoup d'attrait.

♥

Ne prends pas une hache pour éloigner la mouche du front de ton ami.

PROVERBE CHINOIS

Céder

Avant d'entrer en relation avec quelqu'un, il est bon de se demander jusqu'où nous sommes prêt à céder. Si nous nous sentons complet en tant qu'individu et ne sommes pas disposé à nous adapter à l'autre, aussi bien passer notre chemin; nous nous éviterons ainsi bien des malheurs.

Je n'ai jamais compris la nécessité de briller s'il faut pour cela blesser l'être aimé. Pourquoi tenir tant à nos convictions si elles menacent notre couple? Faut-il vraiment toujours avoir raison s'il en résulte du ressentiment et de la mauvaise volonté?

Bien sûr, il y a des limites à la souplesse et à la volonté de céder. Mais on nous demande rarement de céder sur ce qui nous tient le plus à cœur. La plupart des gens ne nous demandent qu'un peu de considération. Il suffit de savoir quand agir et quand s'abstenir, quand parler et quand se taire, quand céder et quand rester ferme, quand imposer une limite et quand laisser aller. Nous aurons accédé à la sagesse en amour lorsque nous aurons trouvé l'équilibre entre la volonté de céder et la connaissance de la limite au-delà de laquelle nous risquons de nous faire du tort ou d'en faire aux autres.

♥

La victoire est surévaluée.
Les seuls contextes où elle est indispensable sont la chirurgie et la guerre.

Al McGuire

Un milieu propice

La sagesse invite à créer pour l'amour un milieu propice. Nous serons heureux si la passion ne l'emporte pas sur la tendresse; si les besoins physiques n'ont pas plus d'importance que les besoins émotionnels. Dans ce contexte, la différence est non seulement tolérée, elle est bien accueillie, et le respect, au lieu de s'éroder, se déploie. Voici un lieu où il y a partage réel plutôt qu'indifférence. Un milieu aimant soutient lorsque tout s'effondre et nourrit mieux que tout.

♥

L'homme se façonne à travers les décisions qui façonnent son milieu.

RENÉ DUBOIS

L'amour et la liberté

La liberté est indissociable du choix, du sens des responsabilités et de l'engagement. Par conséquent, elle n'est pas gratuite. Il faut en payer le prix. Impossible d'aimer sans renoncer à quelque chose. Certains y verront une forme d'esclavage, un renoncement à la liberté. Mais quand on aime, on le fait délibérément, volontairement. Quand on donne de soi-même, on se libère de la prison du narcissisme. Ainsi, plus on donne, plus on est libre.

♥

La liberté n'est rien d'autre que la chance de devenir meilleur.

ALBERT CAMUS

C'est quand on demande
moins d'amour
pour en donner davantage
que le secret
de l'amour humain
nous est révélé.

La peur d'aimer

La peur est le pire obstacle à l'amour. Elle peut tous nous transformer en lâche. Elle nous fait rechercher les sentiers battus, fuir l'engagement, et nous dissimuler à nous-même et aux autres. Bien à l'abri dans notre petit cocon, nous nous isolons des choses mêmes qui procurent la joie et donnent à la vie toute sa signification.

Faire face à ses peurs ne veut pas dire fuir les occasions de s'engager, ni non plus se construire une carapace afin de rester insensible à la douleur. Laisser la peur dominer notre vie, c'est prêter l'oreille à une seule de nos voix intérieures. D'autres voix méritent aussi d'être entendues. L'une d'elles nous dira qu'une vie privée d'amour est la seule chose qui soit à craindre. Là où l'amour se déploie réellement, les appréhensions, les déceptions et les peurs sont réduites à néant.

♥

Rien dans la vie ne doit être craint. Tout doit être compris.

Marie Curie

Ne pas fonder les jugements d'aujourd'hui sur les souvenirs d'hier

Nous sommes en grande partie le produit de nos souvenirs. Voilà une vérité incontestable. Sans que nous en soyons pleinement conscient, les expériences du passé tissent une toile dans laquelle nous restons piégé et qui détermine notre façon de percevoir la réalité qui nous entoure. Avant d'être ce que nous sommes, nous avons été autre chose, de sorte que nos idées actuelles nous parviennent à travers le prisme de nos croyances passées. Nos efforts pour comprendre ce que nous vivons aujourd'hui sont souvent entravés par ce que nous avons vécu auparavant.

Mais il y a de l'espoir. Nous ne sommes pas programmé à vie. Nous pouvons tous assimiler de nouvelles expériences, mais il faut pour cela lutter contre les souvenirs du passé afin de limiter leur pouvoir. Si nous ne voulons pas que l'avenir ne soit qu'une répétition du passé, il faut prendre conscience du pouvoir qu'exerce le passé sur nos comportements d'aujourd'hui. C'est alors seulement que nous serons libre de créer notre avenir.

♥

La mémoire est un monstre; j'oublie... mais la mémoire n'oublie rien. Elle met seulement les choses en veilleuse. Elle nous cache des choses... et ne rappelle au souvenir que ce qu'elle veut bien. On pense avoir de la mémoire, mais c'est elle qui nous a!

JOHN IRVING

Le plaisir d'aimer

Nous acceptons de supporter de lourdes épreuves au nom de l'amour parce qu'au bout du compte nous savons que le plaisir sera d'une grande intensité. Aucune émotion, en effet, n'apporte une satisfaction plus totale.

C'est l'amour qui nous fait connaître nos expériences les plus profondes de joie, de paix et de sécurité, et qui nous fait découvrir le mystère de l'union fusionnelle. Parce que nous anticipons ces plaisirs, notre amour se confirme et s'approfondit.

Les difficultés, lorsqu'elles se présentent, sont le plus souvent dues à la méfiance que nous inspire le plaisir. Nous avons appris que le plaisir était une illusion, voire un péché. Nous nous sentons donc coupable de le ressentir, même si le plaisir reste la principale motivation qui nous pousse vers l'amour. Le plaisir est la douce récompense de l'amour.

♥

L'homme, contrairement aux animaux, n'a pas appris
que le seul but de la vie, c'est d'en jouir.

SAMUEL BUTLER

Les occasions d'amour

Si vous vous sentez privé d'amour, c'est peut-être que vous en donnez une définition trop étroite. Car les occasions d'aimer sont très nombreuses. Heureusement d'ailleurs, sinon nous serions tous de pauvres êtres esseulés, assoiffés d'amour.

L'amour insiste. Il frappe régulièrement à notre porte pour nous offrir la chance de l'accueillir et de nous en émerveiller. Tout ce qu'il exige, c'est que nous soyons réceptif. Il y a des occasions d'amour dans chacun de nos gestes.

Nous ratons souvent l'occasion d'aimer parce que l'amour se présente à nous sous des déguisements divers qui le rendent parfois difficile à reconnaître. Les mythes et les contes de fées en offrent de nombreux exemples. Accepteriez-vous d'embrasser un crapaud? de vous occuper d'un groupe de vieux nains grincheux? de vous engager sur la route pavée de briques jaunes? de combattre des dragons? de parcourir le vaste monde?

Bien sûr, nous rencontrons dans notre vie de tous les jours des occasions d'aimer moins exotiques que celles-là, que nous sommes libre d'accueillir ou de repousser. Mais ceux qui se désolent de ne jamais trouver d'amour devraient peut-être suspendre un peu leurs jérémiades et s'ouvrir les yeux un peu plus grand.

♥

Accrochez-vous à vos rêves, car s'ils meurent, la vie n'est plus qu'un oiseau aux ailes brisées, incapable de prendre son envol.

LANGSTON HUGHES

Savoir apprécier l'amour

Une de mes amies, excellent professeur, s'est aperçue que ses élèves faisaient plus de progrès quand elle prenait le temps, chaque jour, de leur dire un bon mot. Elle avait même créé un moment, chaque semaine, où tous étaient invités à «échanger des bonnes choses». Chaque enfant faisait alors un compliment à un autre. Cette activité remportait beaucoup de succès, car elle créait une ambiance agréable, un contexte dans lequel la dignité personnelle de chaque élève trouvait à se déployer.

Il en faut parfois très peu pour rendre quelqu'un heureux ou lui remonter le moral. Il faut un cœur bien né et un peu de bonté alliés à l'honnêteté et au savoir-vivre.

♥

Le principe le plus fondamental de la nature humaine
est le désir d'être apprécié.

WILLIAM JAMES

Planifier pour l'amour

Dans sa conception romantique, l'amour est d'abord et avant tout spontané. On peut espérer en effet que la spontanéité reste toujours présente au sein d'une relation amoureuse, mais il n'y pas de mal à introduire aussi un peu d'ordre dans sa vie. On ne regrettera jamais d'avoir planifié, dès le début, les moyens d'assurer le développement de son amour ou d'éviter les pièges qui pourraient lui nuire.

Un des grands plaisirs de l'amour consiste à rêver ensemble de l'avenir. Il ne s'agit pas d'établir des plans compliqués ou de se fixer des objectifs rigides, mais plutôt de laisser demain entrer dans le champ de la conscience en y songeant aujourd'hui.

Dans *Candide*, Voltaire montre le héros et l'héroïne en train de planifier leur avenir ensemble. Totalement égocentriques, chacun est sourd aux propos de l'autre. Elle rêve de perles, de rubis, de palais luxueux et de piscines creusées dans le marbre. Lui rêve d'une vie simple sur un petit coin de terre où élever un cochon, une vache et cultiver des légumes. Ils sont convaincus, en dépit du bon sens, que l'amour leur permettra de s'entendre.

Préparer une vie à deux ne veut pas dire contempler les étoiles en rêvant de l'avenir que les dieux nous réservent. Planifier ne signifie pas renoncer à la joie et à l'émerveillement, c'est un moyen de leur ouvrir la voie.

♥

Planifier, c'est faire entrer l'avenir dans le présent
pour pouvoir le façonner.

ALAN LAKEIN

La sécurité et l'amour

Nous aimerions tous avoir l'assurance que notre amour durera toujours. Nous allons même jusqu'à faire publiquement des vœux en ce sens au moment du mariage. Autrefois, il allait de soi que l'amour dure toute la vie. Mais aujourd'hui, notre seule certitude est le changement. Dramatique ou subtil, le changement est la seule chose sur laquelle nous puissions compter.

Comme l'amour n'offre aucune garantie, il faut placer sa confiance dans le caractère dynamique de notre amour et savoir qu'il s'épanouira ou mourra selon qu'il aura été nourri ou non. Notre seule sécurité réside dans la capacité d'accepter la nature changeante de l'amour. Sachant cela, nous n'avons plus rien à craindre.

♥

Paradoxal mais vrai, c'est dans la croissance, la réforme et le changement que se trouve la seule vraie sécurité.

ANNE MORROW LINDBERGH

L'amour
n'est pas un sport
de compétition.

Le sens de l'humour est un atout

J'avais eu une longue journée harassante, à tel point que le repas entre amis, prévu pour la soirée, m'apparaissait maintenant comme une corvée. Quand je suis arrivé, mes hôtes m'ont demandé de me rendre à l'étage lire une histoire à leur petite fille de quatre ans. Elle avait attendu ma venue toute la journée: j'étais son «oncle» préféré. Je ne peux pas dire que j'en avais envie, mais comment décevoir un enfant?

La petite Caroline m'a tendu son livre préféré, dont on lui avait lu l'histoire au moins cent fois. Mais, avec les enfants, la magie ne se tarit jamais. C'était l'histoire d'une gigantesque citrouille, transformée en automobile, qui avait entrepris un long voyage avec ses deux meilleurs amis, le lézard et la chouette. Ils parcouraient une longue route bordée d'herbe rose et d'arbres à Jell-O, et rencontraient toute une collection de personnages étonnants. En lisant cette histoire débordante de fantaisie, je n'ai pas pu m'empêcher de rire et j'ai vite senti que toute la mauvaise humeur de la journée me quittait.

Je me suis rappelé alors que le petit enfant qui vit toujours au fond de nous a parfois besoin qu'on le force un peu à sortir jouer, ne serait-ce qu'un moment, le temps, par exemple, d'une joyeuse équipée avec une citrouille, une chouette et un lézard.

Pour comprendre ce monde un peu fou dans lequel nous vivons, il faut certes beaucoup de réflexion sérieuse, mais une touche de fantaisie a aussi sa place. Le monde profite de notre folie douce, et notre santé mentale aussi.

♥

La santé mentale est la folie mise à bonne contribution.

GEORGE SANTAYANA

L'amour et la compréhension

L'amour serait beaucoup plus simple si toutes nos croyances et nos perceptions se confirmaient dans la réalité. Mais il n'en est pas ainsi. Nous voyons ce que nous sommes disposé à voir et nous croyons ce que nous voulons bien croire. À bien des égards, nous sommes esclave de la personne que nous sommes devenue.

En amour, comprendre oblige à laisser tomber un certain nombre d'attentes et d'idées préconçues pour laisser la réalité se présenter à notre esprit. C'est se libérer des stéréotypes et des préjugés rigides et s'ouvrir à de nouvelles expériences.

Quand nous affirmons ne pas aimer quelqu'un ou quelque chose, c'est en général que nous sommes incapable de les voir clairement. Il faut un long processus pour en venir à une meilleure compréhension, mais les fruits de cette démarche sont riches et abondants. Nous découvrirons peut-être que, s'il est pénible d'apprendre du nouveau et de repenser de vieilles croyances, il est encore plus pénible et coûteux à long terme de rester immobile et fermé à toute sympathie.

♥

La tolérance est l'effort positif et cordial que nous faisons pour comprendre les convictions, les habitudes et les pratiques de l'autre sans nécessairement les partager ou les accepter.

JOSHUA LIEBMAN

Le temps d'aimer

Le temps est un étrange phénomène. C'est l'agent égalisateur par excellence, un agent absolument démocratique, absolument définitif. C'est sans doute aussi le bien le plus précieux que nous ayons. Personne ne peut nous le prendre sans notre permission. Il poursuit inexorablement sa marche sans que nous puissions l'arrêter. Nous le laissons s'écouler sans trop nous y arrêter, confiant que demain apportera encore sa pleine provision de temps nouveau.

Une question se pose: combien de temps sommes-nous disposé à consacrer à l'amour? La réponse dépend bien sûr de la valeur que nous y accordons.

Gardons à l'esprit que l'amour, comme le temps, n'attend personne.

♥

Il y a toujours assez de temps, pourvu qu'on sache l'utiliser.

JOHANN WOLFGANG VON GOETHE

L'amour a besoin de solitude

Un dicton que j'affectionne particulièrement dit: «Dieu parle en chuchotant.» Nous vivons dans un environnement si bruyant qu'il est souvent difficile de prêter l'oreille aux chuchotements de Dieu.

Il faut se retirer dans la solitude pour prendre le temps de méditer sur sa vie, ses sentiments, ses pensées les plus intimes, ses rêves. Même si nous aimons beaucoup et trouvons une joie intense dans la compagnie des êtres chers, la solitude reste essentielle si nous voulons que notre amour se perpétue.

Papa et maman avaient trouvé un bon moyen d'échapper au babillage incessant de leurs enfants. Tous les soirs, pendant que nous nous occupions des tâches ménagères: laver la vaisselle, balayer le plancher de la cuisine, ranger les restes, ils partaient faire une promenade d'une heure. Malgré nos supplications, ils refusaient de nous emmener avec eux et tenaient à vivre ce moment en privé. Si nous demandions ce qu'ils faisaient pendant cette promenade, ils répondaient toujours qu'ils ne faisaient rien. Ils marchaient, regardaient les étoiles, profitaient du silence et prenaient plaisir à la compagnie l'un de l'autre. Nous pensions qu'ils étaient fous! Pourquoi donc voudrait-on passer une heure à compter des étoiles?

C'était il y a bien longtemps. Dans la peau d'un enfant, on a du mal à imaginer ce besoin de temps à soi. Je ne saurais dire combien d'étoiles j'ai comptées depuis lors. Mon besoin de solitude et de silence est devenu insatiable.

♥

Vous trouverez ce lieu de profond silence dans votre chambre à coucher, votre jardin ou même votre salle de bain.

Elizabeth Kübler-Ross

Vivre l'amour au présent

Dans le temps présent, il est aussi inutile de ressasser ses vieilles peurs que de craindre pour l'avenir. Tout ce qui compte, c'est de vivre son amour à chaque instant. Et pourtant, nous continuons de consacrer notre énergie à remâcher le passé et à préparer l'avenir, à tel point qu'il ne reste plus de temps pour vivre au présent.

Une de mes jeunes élèves a bien appris cette leçon. Elle m'a raconté que ses amours l'inquiétaient tellement que, rongée par l'anxiété, elle avait toujours besoin d'être rassurée. Elle s'est aperçue que ce comportement ne menait à rien. Cette incertitude perpétuelle éloignait les autres. Qui, en effet, voudrait fréquenter une personne qui s'inquiète sans cesse? Elle a pris la décision de se détendre. Elle a cessé de tout analyser et s'est mise à prendre du plaisir à ce qu'elle vivait ici et maintenant. Après une courte période d'adaptation, les gens autour d'elle ont compris le changement, et tout est tombé en place.

Ceux qui ont confiance en eux et au moment présent sont ceux qui prennent le plus de plaisir à la vie. Ils savent que le passé est le lieu où l'on entrepose ses souvenirs, non ses regrets; que l'avenir est plein de promesses et non de menaces; et que le présent est la seule chose dont nous ayons besoin.

♥

Fini l'assassinat massif du présent et du futur
à coups redoublés du passé.

PAUL-ÉMILE BORDUAS

*La compassion est une forme
de tolérance où règnent
la bonté et le pardon.
Quand nous faisons preuve de
compassion,
nous laissons à l'autre
toute sa dignité,
ce qui est l'essence même de l'amour.*

L'effet cumulatif des gestes simples

Tout geste a des répercussions. Nous n'en sommes pas toujours conscient, mais, d'une certaine façon, tout événement a son importance et contribue au tableau d'ensemble dont le sens ne nous est révélé qu'avec le temps. Si nous acceptons cette vérité, nous saurons mesurer l'importance et les conséquences de nos gestes les plus insignifiants, des paroles dites sans réfléchir ou des espoirs anéantis sans ménagement.

♥

Seul le passé est immortel.

DELMORE SCHWARTZ

Être soi-même

Tout le monde semble savoir mieux que nous ce dont nous avons besoin. Tendez l'oreille, et vous constaterez que la plupart des choses que l'on vous dit sont des conseils. On nous sermonne, on nous réprimande, on nous met en garde, on nous fait la morale, on nous explique la vie, on nous dit quoi penser et quels objectifs viser. Tous les jours, des gens nous citent des statistiques impressionnantes, nous décrivent des tendances, et nous transmettent des témoignages qui confirment leurs opinions personnelles dans l'espoir de nous amener à penser comme eux.

L'information a de la valeur: a) si nous en connaissons la source, et b) si nous ne nous fions pas aveuglément aux réponses des autres.

Nous sommes tous uniques, nous avons nos besoins, notre mode de vie et notre façon d'aimer et d'apprendre. Notre vie nous appartient, et nous devons nous méfier de quiconque cherche à nous transformer.

Il n'y a pas une seule et unique façon d'aimer. Il y a de multiples façons d'exprimer ses sentiments et autant de manifestations d'amour que de gens qui aiment.

Le bonheur est en nous. Nous avons parfois besoin d'être guidé ou conseillé, mais pour un temps seulement. Ensuite, nous retrouvons notre équilibre et nous reprenons notre route.

♥

L'abjection est le mode de vie de l'homme qui a refusé d'être ce que son devoir lui impose d'être.

José Ortega y Gasset

Quand l'amour perd sa saveur

« Avec le temps, va, tout s'en va» chantait Ferré. C'est ainsi que les amants se perdent l'un l'autre dans le décor, s'installent dans des routines et transforment des gestes autrefois provocateurs en comportements anodins. Ce n'est pas notre faute, c'est l'amour qui semble évoluer ainsi.

Après des années de vie commune, il peut arriver que la nouveauté soit remplacée par le prévisible. La spontanéité cède le pas à l'habitude et à la routine. Au début, la présence de l'autre invitait sans cesse à l'aventure, maintenant tout semble mécanique et monotone. Heureusement, l'amour est vite ranimé par un peu de fraîcheur et de surprise.

J'ai une amie qui passe souvent pour excentrique, mais qui a trouvé des moyens originaux de conserver l'intérêt de son mari. Elle invente sans cesse des idées amusantes qui mettent un peu de piment dans leur vie: elle l'accueille à la porte dans un négligé affriolant, lui offre des billets non remboursables pour une croisière peu coûteuse mais exotique. D'abord, son mari réagit toujours par un haussement d'épaules, mais il est vite conquis par le brin de folie qu'elle inscrit dans toutes ces trouvailles. Leur relation continue de s'épanouir. Pour eux, la magie n'est pas disparue, car ils la créent sans cesse.

♥

Le véritable esprit romantique... ne consiste pas tant à chercher à fuir la vie qu'à empêcher la vie de nous fuir.

THOMAS CLAYTON WOLFE

L'amour et le rire

Rien n'apporte plus de joie que d'être en amour. Nous vivons alors plus intensément, nous jouissons du mystère, de l'imprévu, du grandiose: nous avons l'impression que le monde est devenu notre jouet.

À vrai dire, l'amour approfondit notre sens de l'humour. Il nous rend capable de rire du monde entier et du comportement humain, en particulier le nôtre. Le comportement amoureux (même si on ne le voit pas toujours sur le moment) est souvent très drôle. En pensant aux difficultés que nous avons traversées, nous sourions. Quand nous reprenons nos esprits et repensons aux drames que nous avons faits autour des banalités qui faisaient obstacle à nos amours, il nous arrive souvent de rire aux éclats.

Si nous aimons sans retenue, nous aurons sûrement beaucoup d'occasions de rire.

♥

Je constate que l'humour n'est pas pour tout le monde.
C'est pour les gens qui veulent avoir du plaisir, profiter de la vie et se sentir bien vivants.

ANNE WILSON SCHAEF

Chaque jour est une nouvelle occasion d'aimer

On dit qu'il n'y a rien de nouveau sous le soleil. J'ai découvert que c'est là une énorme fausseté. La vérité, c'est que chaque jour est entièrement nouveau sous le soleil! Tout est occupé à grandir ou à mourir, mais rien ne reste jamais statique. Tous les matins, nous pouvons accueillir la journée en y voyant une autre pénible interruption de notre sommeil, ou l'aborder comme une nouvelle occasion de découvrir des idées fraîches. Chaque jour est parcouru par la nouveauté: il faut s'éveiller à elle.

Chaque jour nous donne l'occasion de créer, de voir les choses différemment, d'évoluer un peu par rapport à la veille. Si, à la fin du jour, nous sommes resté pareil, il y a lieu de s'inquiéter. L'immobilité crée l'ennui, et les gens qui s'ennuient ennuient les autres. Quel gaspillage d'un univers pourtant si dynamique!

♥

Le don fait croître l'amour. L'amour que nous donnons
est le seul amour qui nous soit donné. Pour conserver l'amour,
il faut le donner libéralement.

ELBERT HUBBARD

L'équilibre délicat du sentiment

Nous sommes tous des êtres fortement émotionnels. Nous réagissons avec émotion aux choses les plus banales. Et lors même que nous ne savons pas très bien ce que nous ressentons, nos émotions ont le pouvoir de nous dicter nos gestes. Elles sont en quelque sorte le stimulus qui nous pousse à l'action. Nous avons une certaine mesure de contrôle sur nos émotions: nous pouvons les exprimer ou les réprimer. Et la façon de le faire en dit long sur notre santé mentale.

Nous survivons généralement à nos émotions, quelle que soit notre façon de les exprimer, mais il faut vivre avec les conséquences. Nous pouvons laisser derrière nous une aura bienveillante ou un amas de ruines. Nous pouvons être diplomate et tenir nos émotions par la bride, ou leur donner libre cours sous prétexte que tout doit être exprimé.

L'intelligence et la sensibilité restent nos meilleurs guides. Les émotions sont essentielles à la vie, et leur expression appropriée crée l'équilibre qui permet de l'entretenir.

♥

L'émotion a appris à l'homme à raisonner.

MARQUIS DE VAUVENARGUES

L'amour et la vie
que nous créons
sont l'amour et la vie
que nous vivons.

Pour aimer, point n'est besoin d'être d'accord

S'il est essentiel au bien-être de plaire aux autres, il ne faut jamais en faire sa principale activité. «Impossible de plaire à tout le monde et à son père», dit l'adage. Et pourtant, certains s'y essaient jusqu'à en faire une obsession. Le danger est d'en venir à mesurer notre valeur à l'aune de l'approbation d'autrui.

Quand nous aurons assez de respect pour notre propre individualité, nous parviendrons à nous affirmer sans craindre le rejet. Or, nos opinions et notre vision du monde sont la manifestation de notre individualité. Si certains ne l'acceptent pas, tout n'est pas perdu. Des adultes évolués peuvent très bien être en désaccord complet sans pour autant cesser de s'aimer. Une relation amoureuse n'exige pas de s'entendre sur tout. Le désaccord peut même être source d'enrichissement pour un couple. Avec le temps, si nous osons être nous-même, nous gagnerons le respect — le nôtre et celui des autres.

♥

Une idée préconçue ne devient un préjugé que si elle se révèle immuable, même en présence de nouveaux éléments d'information.

George Bancroft

Le poids de la culpabilité

Si vous vous sentez accablé par le poids d'une culpabilité exagérée, voici une petite suggestion: écrivez les mots «Je me pardonne» sur un bout de papier. Répétez cette phrase encore et encore. N'arrêtez pas tant que le message ne se sera pas profondément inscrit en vous. Puis, détruisez ce papier, brûlez-le, déchirez-le en petits morceaux, jetez-le dans les toilettes — prenez le moyen que vous voudrez, mais faites disparaître ce papier à jamais.

Nous consacrons une énergie considérable à nous reprocher nos erreurs passées. C'est à se demander comment certains d'entre nous réussissent encore à se déplacer avec un tel poids sur les épaules.

Le moment est venu de dire «Assez!» Si c'est de pardon dont nous avons besoin, et si ce pardon ne nous est pas accordé, alors il faut le demander en plaidant au besoin l'ignorance. Nous avons aussi le droit de demander la compréhension, car nous sommes humain et donc faillible. Il faut apprendre à ne pas se laisser dominer par la culpabilité, et apprendre aussi à pardonner ceux qui nous ont infligé cette culpabilité.

♥

Sans le pardon, la vie est gouvernée par
un cycle interminable de ressentiments et de représailles.

Robert Assagioli

La valeur de nos rêves

Restez fidèle à vos rêves, car ils sont l'étoffe dont est faite la réalité. C'est par les rêves que nous conservons l'espoir d'une vie meilleure et plus riche de sens. Même quand la réalité nous impose ses limites, les rêves continuent de nous faire miroiter une multitude de possibilités.

La vie deviendrait vite terriblement monotone si nous la laissions s'imposer à nous telle quelle. Mais en l'enrichissant de nos rêves, nous maintenons la tension qui pousse à aller de l'avant.

J'ai caressé des milliers de rêves. J'ai rêvé de devenir professeur, ce qui représentait de nombreuses années d'études coûteuses. Nous étions pauvres et, même si papa et maman ne m'ont jamais découragé, ils ne m'ont pas non plus nourri de faux espoirs. Ils formaient pour moi des rêves plus réalistes, mais j'ai poursuivi les miens.

J'ai aussi fait le rêve de vivre des aventures exotiques dans des pays lointains, d'escalader des montagnes, de sillonner les mers, de remonter des rivières en canot. Tout en sachant que cette vie est réservée aux héros, j'ai refusé d'admettre qu'elle m'était inaccessible. Aux sceptiques, j'ai le plaisir d'annoncer que tous mes rêves se sont réalisés.

Et je forge de nouveaux rêves tous les jours.

♥

Nous n'avons que la grandeur de nos rêves, a-t-on écrit.
Les rêves sont la pierre de touche de notre personnalité.

HENRY DAVID THOREAU

Un sain amour de soi

On ne peut donner que ce que l'on a. Pour aimer l'autre, il faut d'abord s'aimer soi-même. Pourtant, on continue de nous dire que l'amour de soi est un comportement égocentrique, infantile et destructeur. Exprimé avec passion dans les «psychédéliques» années soixante, l'amour de soi est resté suspect.

Pourtant, le simple bon sens suffit pour comprendre que l'on ne peut donner que ce que l'on possède, et donc que plus on possède plus on est en mesure de donner. Quand on aime vraiment quelqu'un, il va de soi qu'on voudra lui donner ce qu'on a de meilleur, pour son bonheur aussi bien que pour le nôtre. C'est en apprenant à se comprendre et à s'accepter soi-même, en découvrant ses besoins et ce qu'il nous faut pour être heureux, qu'on en arrive à comprendre les besoins des autres. L'amour s'est acquis une réputation douteuse d'avoir trop longtemps été laissé entre les mains d'amateurs qui s'en méfient et se méfient d'eux-mêmes.

♥

Les sagesses anciennes et les religions disent toutes la même chose:
ne vivez pas uniquement pour vous-même, vivez pour les autres.
Ne restez pas muré dans votre petit moi, car il deviendra vite une prison.

BARBARA WARD

Les larmes

Seuls les gens totalement imbus d'eux-mêmes n'ont jamais pleuré. Les larmes sont une forme de compassion. Elles sont la manifestation visible de notre capacité de nous détacher de nous-même, ne serait-ce qu'un moment, pour compatir avec l'autre. Chaque fois que nous versons des larmes, nous avons les yeux plus clairs et le regard plus net. Nous sommes alors plus capable d'empathie avec les autres et avec la condition humaine.

Notre culture n'a que tout récemment levé en partie le tabou qui interdisait aux hommes de pleurer. Car les hommes, on le sait, devaient tourner vers le monde un visage de granit. C'est à cette condition qu'ils gagnaient le titre de «vrais hommes»: insensibles, stoïques et dépourvus d'émotion. John Wayne et Gary Cooper, par exemple, ne devaient pas verser de larmes à l'écran, quelles que soient les circonstances, du moins jusqu'à ce qu'ils aient pris de l'âge et qu'alors la faiblesse et la sentimentalité puissent être mises sur le compte de la sénilité.

Une bonne crise de larmes peut être un signe de maturité. Nous nous trompons royalement si nous pensons que pleurer est un signe de faiblesse. La vraie faiblesse réside plutôt dans le fait de ne pas pouvoir exprimer ses émotions par des larmes.

♥

Le plus grand bonheur consiste à découvrir
qu'il n'est pas nécessaire d'être heureux.

William Saroyan

La communauté des amants

Nous enrichissons l'univers d'un élément plus précieux que l'argent lorsque nous y apportons de l'amour. Un mouvement de générosité peut avoir plus d'effet, plus de portée qu'on ne saurait l'imaginer: trouver la clé d'un cœur esseulé, donner de l'encouragement et de l'espoir à un esprit troublé. Toute l'histoire d'amour du monde s'écrit, ligne après ligne, grâce à des êtres au grand cœur qui accomplissent de simples gestes de bonté pour aider d'autres êtres en difficulté.

Quand nous avons vraiment le cœur amoureux, nous entrons dans la communauté des amants, qui tire sa force de la douceur tout en donnant de nombreux exemples de comportements désintéressés. Si nous jouons un rôle actif dans cette communauté, nous évoluons sans cesse et nous ne sommes jamais seul.

♥

Mieux vaut un homme bon de plus sur terre
qu'un ange de plus dans les cieux.

Proverbe chinois

L'amour est la plus grande des possessions

Nombre de gens croient que les possessions matérielles font toute la différence et que leur valeur peut être mesurée à la quantité de choses qu'ils possèdent. Nous collectionnons des objets avec passion jusqu'à ce qu'il n'y ait plus de place dans nos maisons, nos garages ou nos bureaux pour tous les symboles de notre vécu. Puis nous constatons que les problèmes s'accumulent au même rythme que les possessions. Il faut des avocats, des analystes financiers, des comptables pour nous aider à gérer notre vie. Nous construisons des barrières toujours plus hautes pour nous protéger et mettre nos biens en sécurité. La tranquillité d'esprit nous vient au prix d'un système d'alarme plus perfectionné, de polices d'assurance plus étendues et de services policiers plus efficaces.

La société nous invite sans détour à posséder toujours davantage et à vouer un culte à nos possessions. On nous pousse à consommer sans cesse, puis à jeter pour acheter encore plus neuf et plus récent. Nous ne prenons vraiment conscience de la valeur de l'amour ou de la vie qu'au moment de les perdre. Voilà une leçon aussi vieille que l'histoire humaine, mais que certains d'entre nous mettent encore une vie entière à assimiler.

♥

Le bonheur est intérieur, non extérieur; par conséquent, il ne dépend pas de ce que nous avons, mais de ce que nous sommes.

HENRY VAN DYKE

Lorsqu'il s'agit
de donner de l'amour,
les occasions sont innombrables
et nous sommes tous doués.

Le rôle du passé

Nous sommes le produit de toutes les expériences que nous avons vécues, de toutes les personnes que nous avons rencontrées, de tous les rêves que nous avons ou n'avons pas réalisés. N'oublions pas que les êtres que nous aimons sont eux aussi le produit de leur vie passée. Ils viennent à nous avec leurs peurs, leurs préjugés, leurs victoires, leurs joies: avec tout ce qui fait qu'ils sont eux-mêmes au moment où nous les rencontrons.

Rien ne sert de nier son passé, mais nous n'avons pas non plus à en être esclave. C'est à nous d'en disposer à notre guise. Le passé n'a de pouvoir sur nous que dans la mesure où il rend l'avenir en partie prévisible. Mais vivre dans le passé est un piètre substitut à une vie vécue au présent.

Chaque fois que nous entrons en rapport avec un être humain, ce rapport a le pouvoir d'enrichir notre présent et d'améliorer notre avenir. L'union de nos deux univers particuliers permet de mettre en commun des idées, des expériences et des possibilités qui n'ont jamais été réunies et ne le seront plus jamais. Voilà l'une des plus grandes joies qu'apporte l'amour, et son défi le plus subtil.

♥

Nous avons un contrôle illimité sur ce qui pourrait être.

ANONYME

Personne ne vous reconnaîtra de la valeur si vous ne le faites pas vous-même

L'estime de soi est aujourd'hui une notion galvaudée. Pourtant, elle est le fondement même de l'amour et du bien-être. On ne reçoit d'amour qu'à condition de se sentir digne d'amour. Nos jugements sur nous-même sont apparents dans nos moindres gestes et nos moindres décisions. Si nous avons peu d'égards pour nous-même, nous deviendrons vite la carpette de quelqu'un.

L'estime de soi et la dignité vont de pair. Le monde peut nous paraître entièrement peuplé de gens plus intelligents, plus beaux, plus intéressants et plus désirables que nous, ou nous pouvons décider que nous sommes aussi beau que les autres, mais différent. Au lieu de se comparer sans cesse, il faut se concentrer sur ses atouts et consacrer ses énergies à développer ses aptitudes latentes et ses talents.

Il est bon de se mettre au défi en rêvant à ce que nous pourrions être, mais il est plus sage de rester sur le terrain plus réaliste de qui nous sommes. L'estime de soi se porte infiniment mieux le jour où l'on accepte d'être qui l'on est et que l'on décide de mettre ses atouts en valeur plutôt que de se reprocher sans cesse ses faiblesses. Quand on s'accepte corps, âme et esprit, on cesse de se dénigrer et on entreprend de développer son potentiel afin de devenir soi au maximum. C'est alors que l'on commence à comprendre ce que signifie être digne d'amour.

♥

L'orgueil occupe plus de place que la bonté dans les remontrances que nous faisons à ceux qui commettent des fautes; et nous ne les reprenons pas tant pour les corriger que pour les persuader que nous en sommes exempt.

La Rochefoucauld

Créer son propre paradis

Qu'attendons-nous de la vie et de l'amour? Bien peu d'entre nous découvriront un nouveau continent, piloteront un vaisseau spatial jusqu'à Jupiter, transformeront l'histoire ou deviendront des amants légendaires. Notre vie et notre mort n'importeront à personne sauf à nous-même et à ceux que nous aimons. Nos jours seront probablement consacrés à manger, dormir, travailler, faire la lessive, cultiver le jardin, élever des enfants, tomber malade et guérir, se faire de nouveaux amis et dire adieu aux anciens, s'habiller le matin et se déshabiller le soir, se brosser les dents, se coiffer, épargner de l'argent et le dépenser, pleurer, rire, se mettre en colère, découvrir de la beauté, vivre des moments de bonheur, grandir, grossir, vieillir, mourir.

Pour que notre vie soit marquée par la poésie, le romantisme, et pour qu'elle ait un sens, il nous faut les créer nous-même. La vie et l'amour que nous créons sont la vie et l'amour que nous vivons.

♥

Il y a un temps pour travailler. Et il y a un temps pour aimer.
Cela ne nous laisse pas d'autre temps.

Coco Chanel

Les frontières floues de l'intimité

Nous avons tous besoin d'intimité. Nous pouvons aimer un grand nombre de personnes à des degrés divers et de façons très différentes, mais nous aurons toujours besoin de vivre un rapport humain plus intime. Il nous faut quelqu'un avec qui créer une association étroite, quelqu'un qui nous apporte la sécurité, le confort et l'affection profonde qui nous permettent de distinguer cet être du reste du monde. En général, une dimension sexuelle s'inscrit dans ce rapport qui crée l'exclusivité. Il s'établit alors une union physique et émotionnelle qui donne de la force et guérit mystérieusement bien des maux.

Quand l'amour se vit dans l'intimité profonde, il nous fait accéder aux plus hautes sphères de l'expérience humaine. Dans ces lieux exaltés, où nous abdiquons volontiers notre moi, un aperçu du ravissement nous est donné en partage. Les frontières s'estompent, les limites s'évanouissent. Nous ne sommes plus qu'un tout en restant deux.

♥

Il n'y a qu'un bonheur dans la vie: aimer et être aimé.

George Sand

La valeur de l'amour

Nombre d'entre nous tiennent la vie et l'amour pour acquis et déplorent de n'avoir aucun pouvoir ni sur l'une ni sur l'autre. Mais nous prenons rarement le temps de réfléchir au caractère merveilleux de notre existence et d'en mesurer les nombreux miracles. Nous consommons notre univers comme s'il était inépuisable et ne pensons que très rarement à la responsabilité que nous avons de le mettre en valeur.

Pourtant, la nature est généreuse, elle donne au centuple et exige très peu en retour. Chaque être humain est une création unique qu'il nous appartient de découvrir et dont nous pouvons bénéficier. Je suis convaincu que, le jour de notre mort — qui viendra inéluctablement — nous serons jugé sur la valeur que nous aurons su donner à notre existence.

♥

La création, visible ou non, doit se rapporter, même aujourd'hui, à nous, ici, dans ce monde prosaïque qui est le nôtre.

LOREN EISLEY

Se fuir soi-même

Certains croient que tous leurs problèmes s'évanouiraient s'ils pouvaient seulement aller vivre ailleurs, s'entourer de gens nouveaux, changer d'emploi ou prendre des vacances. C'est oublier que, partout où l'on va, on est présent. On ne peut échapper à soi-même. Si on était déprimé à Montréal, on sera déprimé à Vancouver. Si on était seul et aliéné à Paris, il en sera de même à Nice, au Caire, à Québec ou à San Francisco.

En changeant de paysage, il est vrai que la perspective s'améliore un peu, parfois. Mais, avec le temps, on retrouve les mêmes comportements, les mêmes attitudes, les mêmes sentiments. Il en va de même quand on part à la recherche d'un nouvel amoureux. On a fait le mauvais choix, qu'à cela ne tienne, arrêtons la musique et changeons de partenaire. Bingo! On est de nouveau heureux, pour un temps. Mais on introduit dans chaque nouvelle relation les mêmes problèmes, les mêmes peurs, les mêmes contraintes. Bientôt, on se retrouve au point de départ, anxieux, malheureux et à la recherche d'autre chose.

Il est si facile aujourd'hui de mettre fin à une relation qu'on se demande où trouver la motivation d'y mettre un peu d'effort. Pourquoi ne pas tout simplement poursuivre sa route et tenter sa chance ailleurs? Mais pour vraiment trouver un amour durable qui apporte l'engagement, la satisfaction et la joie profonde auxquels on aspire, il n'y a qu'une solution: les changements doivent être apportés à l'intérieur plutôt qu'à l'extérieur. Il n'y a pas d'autre moyen.

♥

Nous avons le choix, mais il n'est jamais facile.

JOSEPHINE HART

Petit questionnaire

Pour apprendre à se connaître, il est bon de se poser des questions et d'y répondre avec honnêteté. C'est dans cet esprit que je vous propose ce petit questionnaire, à refaire tous les jours, en fin de journée.

- Quelqu'un est-il plus heureux aujourd'hui à cause de moi?
- Ai-je manifesté ma bonté et mon amour de façon concrète?
- Me suis-je efforcé de penser à quelqu'un que je connais sous un jour plus favorable?
- Ai-je aidé quelqu'un à ressentir de la joie, à rire ou, tout au moins, à sourire?
- Me suis-je efforcé d'enlever un peu de la rouille qui ronge mes rapports humains?
- Ai-je su traverser la journée sans m'inquiéter de tout ce que je n'ai pas et en me réjouissant de tout ce que j'ai?
- Ai-je pardonné aux autres de n'être pas parfaits?
- Me suis-je pardonné moi-même?
- Ai-je appris aujourd'hui quelque chose de nouveau sur la vie ou sur l'amour?

Si vous n'êtes pas satisfait de vos réponses, ne vous en faites pas trop. Demain, vous pourrez recommencer de zéro! Si vous le voulez vraiment, vous pouvez ne jamais échouer à cette petite interrogation.

♥

Pour avoir droit à mon bonheur, il faut non seulement que je le mérite, mais aussi que je le répande autour de moi.

Ralph Barton Perry

L'amour vieillissant?

Quand j'ai le bonheur de m'adresser à un groupe de personnes âgées, j'ai toujours envie de leur demander de partager avec moi leurs souvenirs et leur philosophie de la vie. Je trouve triste que l'expérience et les réflexions de nos aînés ne figurent plus aujourd'hui que dans la rubrique des souvenirs du bon vieux temps. Toute la sagesse de leur expérience se perd parce que nous tenons à croire que la valeur humaine diminue avec l'âge.

Je ne m'étonne pas de constater que le sujet de l'amour soit dominant dans la population âgée. C'est un sujet qui rappelle toujours des souvenirs très intenses. Et pourquoi pas, puisque l'amour est le fil conducteur qui parcourt toute notre vie, du berceau au tombeau.

Je n'oublierai jamais la charmante dame de quatre-vingt-un ans qui a fait la réflexion suivante au cours d'un de mes séminaires. Nous lui demandions quels étaient ses besoins, en cette période tardive de sa vie. Elle a répondu tout simplement: «Je n'ai jamais eu besoin d'autre chose que d'avoir quelqu'un à aimer et quelqu'un qui m'aime. Rien n'a changé.»

♥

Dieu a dû comprendre que les humains avaient besoin d'un lien avec le passé, c'est pourquoi il nous a donné les souvenirs.

MIKE RUHLAND

Tout geste qui inhibe
n'est pas de l'amour.
L'amour n'est amour
que s'il libère.

Le miracle de l'amour

Nous avons parfois du mal à nous en souvenir, mais il n'y a pas si longtemps, nous étions tous des enfants. Chez les enfants, la foi est inébranlable. La joie est un état naturel. Les enfants s'inquiètent peu, ils rient et jouent beaucoup. Ils vivent dans un univers merveilleux où les miracles se produisent tous les jours.

En réalité, rien n'a vraiment changé depuis que nous sommes devenu adulte, sauf notre attitude et notre façon de voir le monde. L'émerveillement, le mystère, la magie et les sources de gaieté sont toujours là. Il suffit de vouloir les voir.

Les miracles peuvent se produire en tout temps. Quand une personne a un geste de bonté, lorsque des années d'animosité et de ressentiment s'évanouissent sous l'effet d'un geste de compassion, lorsque l'indifférence s'efface devant une main tendue, lorsqu'une vie humaine est transformée par un simple geste d'amour, voilà sans contredit des miracles dignes de mention.

Dans un monde qui prône le pessimisme et le cynisme, la phrase «tout est possible» a quelque chose de rafraîchissant qui redonne espoir.

La prochaine fois que vous aurez besoin d'un miracle, n'attendez pas qu'il se produise. Il est en votre pouvoir de le créer.

♥

Le destin de l'homme est de chercher à résoudre l'énigme de l'existence et, ce faisant, de créer une nouvelle vie sur cette terre.

CHARLES F. KETTERING

L'amour n'a pas l'éternité

Quiconque me lit sait que nous abordons là un de mes thèmes préférés. C'est un sujet sur lequel je suis revenu souvent, je l'admets, mais j'avais mes raisons. Je constate que les banalités de la vie nous accaparent tant que nous en oublions de vivre. C'est aujourd'hui qu'il faut agir, voyager, donner du bonheur, accomplir les choses habituellement reléguées à la rubrique «un jour, quand j'aurai le temps».

Inutile d'envisager chaque jour comme s'il était le dernier. Une telle attitude serait sans doute aussi peu productive que de remettre sans cesse à demain. Mais il faut aussi résister à la béate impression qu'il y aura toujours un lendemain.

♥

Un aujourd'hui bien vécu transforme tous les hiers en rêves de bonheur et tous les demains en visions d'espoir.

SALUTATION À L'AUBE

Quelques mots pour conclure...

Et si...?

Un jour que j'étais à Denver, je cherchais désespérément le bureau de poste. Les indications que l'on me donnait me conduisaient partout sauf où je voulais aller. Après avoir parcouru la moitié du centre-ville, j'ai finalement questionné le portier d'un hôtel. Il m'a reconnu:

«Que faites-vous à Denver? m'a-t-il demandé.

— Je vais donner une conférence.

— Ah oui! s'est-il écrié avec enthousiasme. À quel sujet?

— Trouver le chemin de l'amour, lui ai-je répondu.

— Non! s'est-il esclaffé. Vous allez expliquer aux gens comment trouver le chemin de l'amour et vous n'arrivez pas à trouver le chemin du bureau de poste!»

Comme je le mentionnais dans la préface, je ne suis spécialiste de rien. Ni spécialiste de l'amour, et encore moins spécialiste du moyen de trouver un bureau de poste dans une ville étrangère. Mais je n'ai jamais voulu faire de ce livre un guide pratique. J'ai voulu nous amener à réfléchir sur le sujet de l'amour et créer un espace dans lequel il serait possible de l'étudier et de voir les éléments essentiels à sa réalisation et à son épanouissement.

L'amour est un sujet d'étude passionnant, car seul l'amour nous détache suffisamment de nous-même pour nous permettre d'apercevoir, ne serait-ce qu'un moment, notre véritable identité. Nous n'avons pas à craindre cette révélation. Elle nous sera utile si nous savons résister à la tentation trop humaine de revenir à nos habitudes, à nos croyances et à nos comportements destructeurs et inutiles.

L'amour est l'expérience humaine la plus somptueuse qui soit. Il n'attend qu'une décision de notre part. Prenez cette décision, et tout un univers d'amour s'ouvrira à vous!

Car nous sommes sans contredit nés pour aimer.

Index des auteurs cités

Table des matières

imprimerie gagné ltée

IMPRIMÉ AU CANADA